Principiul cărților

Kauderwelsch

1. Traducerea cuvânt cu cuvânt vă arată clar structura propoziției străine. Marcările verzi vă arată spații pentru a pune cuvintele alese dorite.

limba germană	**Ich finde das ...**
pronunția	*ih findă das ...*
cuvânt cu cuvânt	*eu găsesc asta ...*
limba română	Eu cred că e ...

2. Asta ajută întroducerea mai ușoară a cuvintelor dorite în propoziții.

... angenehm plăcut	**... lustig** haios
... fantastisch fantastic	**... schlecht** rău
... gut bine	**... schön** frumos
... hässlich urât	**... schrecklich** îngrozitor
... hübsch drăguț	**... toll** grozav
... in Ordnung în regulă	**... unglaublich** incredibil
... langweilig plictisitor	**... unmöglich** imposibil

La sfârșitul acestei cărți, este un vocabular de bază de aproximativ 1.300 de cuvinte.

i

Conținut

învăț germana

vorbesc germana

Dicționar

Limba germană

Limba germană aparține limbilor germanice (cum ar fi, de exemplu, limba olandeză și limba norvegiană). Pe lângă limba literară există limbajul popular care are diferite forme regionale.

130

de milioane de oameni vorbesc limba germană în întreaga lume, dintre care aproximativ 80 milioane în Germania.

3

genuri gramaticale: der Mann (Maskulinum), die Frau (Femininum), das Haus (Neutrum).

7

În 7 țări se vorbește limba germană: cu excepția Germaniei și în Austria, Elvetia, Liechtenstein, Luxemburg și regiunile de graniță ale Belgiei și Danemarcei.

Inițiere

Această carte se recomandă pentru toate persoanele care doresc să călătorească în Germania sau pentru persoanele care doresc să comunice cu alte persoane care vorbesc limba germană. Prin urmare se vor da nu numai expresii pentru o călătorie ci și expresii de conversații utile de zi cu zi.

Mare dificultate în limba germană este ordinea corectă și combinația de cuvinte într-o propoziție. Veți vedea că verbele sunt adesea plasate la sfârșitul propoziției. O altă problemă dificilă sunt cazurile de substantive și articole.

Gramatica acestei cărți este foarte simplificată cu scopul de a permite formarea propozițiilor, iar vocabularul de bază include cuvinte utile din viața de zi cu zi.

Întrebuințarea cărții

Această carte începe cu regulile de pronunție, apoi urmează primele propoziții ajutătoare și după aceea partea regulilor gramaticale. Mai departe se va oferi pentru fiecare situație un capitol cu propoziții, exemple și cuvinte. Fiecare propoziție germană, care are o structură diferită de cea în limba română este tradusă literalmente pentru a se înțelege mai bine ordinea cuvintelor.

Vocabularul de bază nu înlocuiește un dicționar, dar în contrast cu aceasta există multe informații importante despre conjugări și declinări: articolele și pluralul substantivelor, precum prezentul și trecutul verbului.

Despre limba germană

Limba germană este limba națională a Germaniei, Austriei și una dintre cele patru limbi oficiale ale Elveției. Alte limbi germanice sunt: limba olandeză, limba engleză și limbile scandinave. Limbile germanice și romanice, în care este inclusă și limba română, au o origine comună preistorică, de aceea sunt multe asemănări ca de exemplu cele trei genuri gramaticale: masculin, feminin și neutru. Pe deasupra se folosesc multe cuvinte și expresii din limba latină și engleză, de exemplu, în domeniul sistemelor de calcul. Rezultatul este că sau împrumutat un număr mare de cuvinte folosite în viața modernă actuală. În limba germană, există mai multe dialecte de vorbire care depind de regiunea unde te afli. Unele dialecte ale Elveției sunt de neînțeles pentru germani. Limba scrisă este aceeași pentru toți.

Pentru a forma propoziții complete, sunt importante trei lucruri:

La sfârșitul acestei cărți, este un vocabular de bază de aproximativ 1.300 de cuvinte. Acest lucru va fi suficient pentru o conversație de zi cu zi în limba germană. Pentru a vă îmbogăți mai departe cunoștințele dumneavoastră, puteți utiliza mai târziu un dicționar.

Cele mai multe cuvinte au forme diferite, depinde de funcția lor în propoziție. Există articole diferite pentru trei genuri de substantive: masculin, feminin și neutru. Nu se vor explica toate formele care există în limba germană, ci numai cele utile.

Ordinea cuvintelor în română este adesea complet diferită. Prin urmare, veți gasi exemple și reguli simple pentru ordinea corectă a cuvintelor.

învăţ germana

Reguli pentru formarea unei propoziţii corecte
1. Adjectivele, articolele şi pronumele posesive stau întotdeauna înaintea substantivelor.
2. Propoziţia nu se formează fără subiect, avem nevoie de cel puţin un pronume.
3. Într-o propoziţie principală verbul stă întotdeauna pe locul al doilea.
4. Într-o propoziţie simplă, negaţia se află cât mai aproape la sfârşitul propoziţiei.
5. În cazul în care negaţia se referă la un obiect nedefinit, atunci se foloseşte articolul negativ **kein** (nici-un).
6. După negaţie se pun adjective şi adverbe.
7. În limba germană există verbe separabile, particula lor separabilă stă la sfârşitul propoziţiei.
8. Al doilea verb (infinitiv sau participiul) al timpurilor compuse stă la sfârşitul propoziţiei.
9. Propoziţiile cu întrebări şi comenzi încep cu un verb apoi urmează un subiect.
10. Când o propoziţie începe cu un adverb, subiectul şi verbul se inversează.
11. În propoziţiile secundare verbul stă la sfârşitul propoziţiei.

Alfabetul & Pronunția

Alfabetul german are 26 de litere. Literele românești (â, ă, î, ș, ț) nu există în alfabetul german. Vocalele „a, e, i, o, u“ se vor pronunța ca în limba română și se vor explica în acest capitol.

Vocale scurte sau lungi

Două vocale la fel și vocalele înaintea literei „h“ se vor pronunța lung: **See** *[zee]* lac, **Lohn** *[loon]* salariu.

În general, o vocală este lungă in fața unei singure consoane: **gut** *[guut]* bun, **rot** *[root]* roșu.

O vocală este scurtă dacă se află înaintea a două sau mai multe consoane: **Salz** *[zalț]* sare, **Messer** *[mes^{a}]* cuțit, **Bach** *[bah]* pârâu, **Tisch** *[tiș]* masă.

Terminațiile cu „e" se vor pronunța slab și scurt *[ă]*, de exemplu: **-e** *[ă]* **Ende** *[endă]* sfârșit, **-es** *[ăs]* **alles** *[alăs]* tot.

Cuvintele care au terminațiile „-el, -en, -em", „e"-ul nu se pronunță, în schimb consoanele se vor pronunța lung: **-en** *[ăn]* **sagen** *[zaagăn]* a zice, **-el** *[ăl]* **Vogel** *[foogăl]* pasăre.

Cei mai mulți oameni pronunță terminația **-er** ca *[a]* sau *[a^{r}]*, cu **r** foarte slab.

Bäcker *[bek^{a}]* sau *[beka^{r}]*	brutar
Lehrer *[leer^{a}]* sau *[leera^{r}]*	profesor
Filter *[filt^{a}]* sau *[filta^{r}]*	filtru

Verbele la persoana a I-a („eu"), la timpul prezent adesea nu se va pronunța terminația „-e".

ich kaufe *[ih kauf]* sau *[ih kaufă]*	eu cumpăr
ich fahre *[ih faa^{r}]* sau *[ih faară]*	eu merg

Umlautele

Umlautele sunt formate prin schimbarea vocalelor „a, o, u" în „ä, ö, ü".

ä	*[e]*	**hässlich** *[heslih]* urât
äu	*[oi]*	**läuft** *[loift]* merge
ö	ca și *[ö]*	**schön** *[șöön]* frumos
ü, y	ca și *[ü]*	**grün** *[grüün]* verde **typisch** *[tüüpiș]* tipic

ä	se pronunță ca *[e].*
ö	seamănă cu „eu“ francez sau „ö“ unguresc. Se rotunjesc buzele ca pentru a spune „o“ și se pronunță „e“.
ü	seamănă cu „u“ francez sau „ü“ unguresc. Se rotunjesc buzele ca pentru a spune „u“ și se pronunță „i“.

Combinație de două vocale

ie	*[ii]* i lung	**viel** *[fiil]* mult, **Biene** *[biină]* albină
ei, ai	*[ai]*	**Bein** *[bain]* picior, **Mai** *[mai]* mai
au	*[au]*	**Haus** *[haus]* casă
eu, äu	*[oi]*	**neu** *[noi]* nou, **Häuser** *[hoiz^{a}]* case

Consoane

Litera „ß“ se scrie după vocalele lungi și se pronunță *[s].* La sfârșitul cuvintelor sau silabelor, „b, d, g“ se pronunță tare ca și „p, t, k“.

-b	la sfârșit *[p]*	**ab** *[ap]* din **abholen** *[ap-hoolăn]* a aduce **lieb** *[liip]* drag **liebhaben** *[liip-haabăn]* a îndrăgi
ch	la începutul cuvântului *[k]*	**Chor** *[koor]* cor **Christ** *[krist]* creștin
ch	*[h]*	**ich** *[ih]* eu, **Buch** *[buuh]* carte
chs	*[ks]*	**wachsen** *[vaksnn]* a crește **Fuchs** *[fuks]* vulpe
ck	*[k]*	**Ecke** *[ekă]* colț, **Jacke** *[iakă]* jachetă
-d	la sfârșit *[t]*	**Bad** *[baat]* baie, **bald** *[balt]* curând
dt	*[t]*	**Stadt** *[ștat]* oraș

-g	la sfârșit *[k]*	**Weg** *[veek]* drum, **Tag** *[taak]* zi
-ig	la sfârșit *[ih]*	**wenig** *[veenih]* puțin **schmutzig** *[șmutsih]* murdar
g	*[gh]*	**Geld** *[ghelt]* bani, **genau** *[gănau]* exact
h	(după vocală) nu se pronunță	**Fahrt** *[faa^{r}t]* călătorie **Ruhe** *[ruuă]* liniște
j	*[i]*	**ja** *[ia]* da, **jeder** *[ieda]* fiecare
k	*[k]*	**Katze** *[katsă]* pisică, **Kino** *[kiino]* cinema
ph	*[f]*	**Physik** *[füzik]* fizică
tsch	*[tș]*	**Deutschland** *[doitș-lant]* Germania
qu	*[kv]*	**Quelle** *[kvelă]* izvor **Quark** *[kvaa^{r}k]* brânză de vaci
s	*[z]*	**Sonne** *[zonă]* soare **lesen** *[leezăn]* a citi
-s	la sfârșit *[s]*	**was** *[vas]* ce
ss, ß	*[s]*	**heißen** *[haisăn]* a se numi **essen** *[esăn]* a mânca
sch	*[ș]*	**Schule** *[șuulă]* școală
sp, **st**	la începutul cuv. *[șt, șp]*	**Stunde** *[ștundă]* oră **spielen** *[șpiilăn]* a juca
v	*[f]* *[v]* de prove- niență latină	**von** *[fon]* de la, **Vogel** *[foogăl]* pasăre **Vase** *[vaază]* vază **Video** *[viideeo]* video
w	*[v]*	**Wasser** *[vas^a]* apă, **Wein** *[vain]* vin
z, tz	*[ts]*	**Zoo** *[tsoo]* grădina zoologică **jetzt** *[ietst]* acum
-tion	*[tsion]*	**Nation** *[natsioon]* națiune

Consoana „r“ nu se pronunță așa de tare ca în limbă română. Consoanele „f, l, m, n, p, t, x“ se pronunță la fel ca și în limba română.

Accentul

În general, la toate cuvintele se pune accentul pe prima silabă: **reden** (a vorbi), **Zimmerpflanze** (plantă de cameră). Cuvintele care provin din limba latină, franceză sau engleză se vor accentua la sfârșit: **Universität** (universitate), **telefoniert** (telefonează), **Station** (stațiune).

Excepție fac unele prefixe neaccentuate, cum sunt cuvintele de mai jos, unde se accentuează a doua silabă:

be-	**beginnen**	a începe
emp-	**Empfang**	recepție
er-	**Erfolg**	succes
ge-	**gefallen**	a place
ent-	**Entscheidung**	decizie
ver-	**Versuch**	încercare
zer-	**zerbrechen**	a sparge

Unele prefixe pot fi accentuate sau neaccentuate, mai ales prefixele **über** (peste) și **unter** (sub):

accentuate:	
Übergewicht	exces de greutate
Unterricht	învățământ
Unterschrift	semnătură

neaccentuate:	
übersetzen	a traduce
untersuchen	a examina
unternehmen	a face cera împreună

Substantivele

Substantivul este un cuvânt pentru persoane, animale și lucruri. Substantivele în limba germană se scriu întotdeuna cu literă mare.

Articolul și genurile

Toate substantivele sunt de trei genuri gramaticale: genul masculin (m), feminin (f) și neutru (n). Pentru unele substantive, genul este evident, de exemplu **Freund** (prieten) este masculin, și **Freundin** (prietenă) este feminin. Cu terminația **-in** putem să formăm cuvinte pentru genul feminin: **der Bäcker** (brutar), **die Bäckerin** (brutăreasă). Pentru cele mai multe substantive, genul pare să fie din întâmplare. Cele mai multe cuvinte care se termină cu **-e** sunt feminine, cu **-er** sunt masculine, și cu **-chen** sunt neutre. În gramatica limbii germane există trei articole hotărâte „der, die, das“, care stau în fața substantivelor iar în limba română avem terminațiile „-ul, -a, -le“. În traducerea literară, scriem „acest, această, acești, aceste“ pentru aceste articole.

masculin	feminin	neutru
Mann bărbat	**Frau** femeie	**Bett** pat
der Mann bărbatul	**die Frau** femeia	**das Bett** patul

Exemple suplimentare:

masculin	feminin	neutru
der Tag ziua	**die Blume** floarea	**das Brot** pâinea
der Stuhl scaunul	**die Frage** întrebarea	**das Bier** berea
der Koffer valiza	**die Tasche** geanta	**das Hotel** hotelul

După prepoziții se vor folosi de foarte multe ori articolele hotărâte: **in der Klasse** (în clasă). Între articol și substantiv pot sta adjective sau numerale: **der alte Baum** (pomul vechi).

Substantivele de genul masculin sunt:

- nume proprii sau comune ale ființelor de sex bărbătesc: **Valentin, der Sohn** (fiu)
- substantive care desemnează profesii masculine: **der Arzt** (medicul), **der Architekt** (architectul)
- zilele săptămânii: **der Montag** (luni), **der Donnerstag** (joi)
- lunile anului: **der August** (august), **der Mai** (mai)
- părțile zilei: **der Morgen** (dimineața), **der Abend** (seara)
- anotimpurile: **der Sommer** (vara), **der Winter** (iarna)
- numele fenomenelor naturii: **der Regen** (ploaia), **der Schnee** (zăpada)
- numele punctelor cardinale: **der Norden** (Nordul), **der Süden** (Sudul)
- nume de mărci de mașină: **der BMW, der Audi**
- substantive fără terminație provenite din verbe: **der Gewinn** (profitul), **der Sprung** (săritura)
- majoritatea substantivelor cara se termină în:

-er	**der Lehrer**	(învățătorul)
-el	**der Himmel**	(cerul)
-en	**der Garten**	(grădina)
-ling	**der Schmetterling**	(fluturele)
-us	**der Zirkus**	(circul)
-ist	**der Polizist**	(polițistul)
-ent	**der Student**	(studentul)
-ant	**der Praktikant**	(practicantul)
-är	**der Sekretär**	(secretarul)
-or	**der Doktor**	(doctorul)
-eur	**der Monteur**	(instalatorul)
-loge	**der Archäologe**	(arheologul)

Substantivele de genul feminin sunt:

- nume proprii sau comune ale ființelor de sex feminin: **Brigitte, die Tochter** (fata)
- nume de flori, arbori, fructe, râuri și fluvii: **die Rose** (trandafirul), **die Tanne** (bradul), **die Birne** (para), **die Elbe** (râul Elba)
- unele numerale cardinale substantivale: **die Eins** (unul)
- majoritatea substantivelor care se termină în:

-e	**die Erde**	pământul
-in	**die Freundin**	prietena
-ung	**die Wohnung**	locuința
-heit	**die Krankheit**	boala
-keit	**die Sauberkeit**	curățenia
-schaft	**die Landschaft**	peisajul
-t	**die Fahrt**	călătoria (provenit din verb)
-ei	**die Bäckerei**	brutăria
-enz	**die Existenz**	existența
-anz	**die Toleranz**	toleranța
-ie	**die Familie**	familia
-ik	**die Musik**	muzica
-ion	**die Religion**	religia
-üre	**die Lektüre**	lectura
-tät	**die Realität**	realitatea
-tur	**die Natur**	natura
-ose	**die Diagnose**	diagnosticul
-age	**die Garage**	garajul

Substantivele de genul neutru sunt:

- numele ființelor și animalelor de sex feminin și masculin: **das Pferd** (calul), **das Schwein** (porcul)
- nume de metale: **das Gold** (aurul)
- denumiri de limbi, de culori: **das Deutsche** (germana), **das Rot** (roșul)
- literele alfabetului: **das A** (litera A), notele muzicale: **das C** (nota C)
- numeralele fracționale: **das Viertel** (un sfert)
- toate substantivele la infinitiv: **das Lesen** (citit)
- adjectivele substantivale care exprimă o noțiune abstractă: **das Alter** (bătrânețea)
- substantivele colective, în special cele formate cu prefixul **Ge-**: **das Gebäude** (clădirea)
- multe adjective și participii substantivale: **das Gute** (bunul)
- substantivele care au terminația în:

-chen	**das Mädchen**	fetița
-nis	**das Verhältnis**	legătura
-tum	**das Herzogtum**	ducatul
-lein	**das Kindlein**	copilașul
-ment	**das Dokument**	documentul
-o	**das Kino**	cinematograful
-ma	**das Komma**	virgula
-at	**das Konsulat**	consulatul
-um	**das Datum**	data

Pentru toate terminațiile există excepții cum ar fi: **das Leder** (pielea), **die Mutter** (mama).

Articolul

Articolul nehotărât

Cuvintele de genul masculin și neutru au înainte articolul nehotărât **ein** (un) iar la genul feminin **eine** (o).

masculin	
ein Tag	o zi
ein Ausweis	un buletin
ein Koffer	o valiză
ein Stuhl	un scaun

feminin	
eine Blume	o floare
eine Stadt	un oraș
eine Straße	o stradă
eine Tasche	o geantă

neutru	
ein Brot	o pâine
ein Getränk	o băutură
ein Auto	o mașină
ein Bier	o bere

Articolul negat

Pentru negarea unui substantiv se folosește **kein** (nici). Acesta are aceeași terminație ca articolul nehotărât **ein** (un).

masculin:	**kein Mann** *kain man*	nici-un bărbat
feminin:	**keine Frage** *kaină fraagă*	nici-o întrebare
neutru:	**kein Bier** *kain bii[a]*	nici-o bere
plural:	**keine Kinder** *kaină kind[a]*	fără copii

Ich habe kein Geld.
ih haabă kain ghelt
eu am nici-un bani
Eu nu am bani.

Ich möchte keine Milch.
ih möhtă kaină milh
eu doresc nici-un lapte
Eu nu doresc lapte.

În limba germană, articolul nehotărât nu are plural. La plural, substantivul rămâne singur.

ein Mann un bărbat	**Männer** bărbați
eine Straße o stradă	**Straßen** străzi
ein Auto o mașină	**Autos** mașini

Articolul nehotărât negativ este la plural **keine** (nici-unele, fără): **keine Männer** (fără bărbați), **keine Straßen** (fără străzi), **keine Autos** (fără mașini).

Er hatte keine Probleme.
e[a] hată kaină probleemă
el avea nici-unele probleme
El nu a avut probleme.

Sie haben keine Kinder.
zii haabăn kaină kind[a]
ei au nici-unele copii
Ei nu au copii.

Articolul la plural

Articolul hotărât la plural este **die** pentru toate genurile: **die Männer** (bărbații), **die Straßen** (străzile), **die Autos** (mașinile).

La plural, cele mai multe substantive germane primesc o terminație (o literă sau două litere la sfârșit). Unele cuvinte rămân la plural fără terminație, altele primesc un umlaut.

	singular	plural
-e	**der Tisch** masă	**die Tische** mese
-en	**die Frau** femeie	**die Frauen** femei
-n	**die Straße** stradă	**die Straßen** străzi
-er	**das Kind** copil	**die Kinder** copii
-s	**das Auto** mașină	**die Autos** mașini
- *	**das Fenster** fereastră	**die Fenster** ferestre **(fără terminație)*

Cum să alegem terminația corectă la plural? – În general, substantivele feminine și toate substantivele cu terminația **-e** la singular, au terminația **-en** la plural. La cele mai multe substantive masculine și neutre se adaugă terminația **-e.** Substantivele care au terminația **-er** sau **-en** la singular rămân la plural fără terminație. Vocalele la plural pot să se schimbe **(umlaut),** de exemplu:

	singular	plural
a → ä	**Hand** mână	**Hände** mâini
o → ö	**Dorf** sat	**Dörfer** sate
u → ü	**Fluss** râu	**Flüsse** râuri
au → äu	**Baum** copac	**Bäume** copaci

Substantive compuse

În limba germană, există multe substantive compuse din două sau mai multe cuvinte. Cuvântul de bază se pune mereu la sfârșit. Ultimul substantiv determină genul și forma de plural.

Haus casă	+ **Tür** ușă	= **Haustür** ușa de la casă
Haus casă	+ **Schlüssel** cheie	= **Hausschlüssel** cheia de la ușa casei
Sonne soare	+ **Schein** strălucire	= **Sonnenschein** rază de soare
fahren a călători	+ **Karte** bilet	= **Fahrkarte** bilet de călătorie
Bad baie	+ **Anzug** costum	= **Badeanzug** costum de baie
alt vechi	+ **Papier** hârtie	= **Altpapier** hârtie reciclabilă

În traducerea literară se va folosi o liniuță între componentele utilizate în ordinea limbii germane. În traducerea corectă se va folosi cuvântul „de“ sau „de la“ ca și cuvânt de legătură, ordinea cuvintelor va fi inversată: **Hausschlüssel** *casă-cheie* (cheie de la casă), **Badeanzug** *baie-costum* (costum de baie).

Pronumele personal

Înainte de verb, stă subiectul care este exprimat printr-un pronume (eu, tu, el, ...) sau printr-un substantiv. Subiectul nu se poate lăsa deoparte. În limba română, spunem „eu cumpăr o pâine“ sau „cumpăr o pâine“, dar în limba germană, trebuie să utilizăm subiectul **ich** (eu) , pronumele personal în nominativ este obligatoriu.

nominativ	acuzativ	dativ
ich eu	**mich** mă	**mir** îmi
du tu	**dich** te	**dir** îți

er el	**ihn** îl	**ihm** îi
sie ea	**sie** o	**ihr** îi
es asta	**es** asta	**ihm** îi
wir noi	**uns** ne	**uns** ne
ihr voi	**euch** vă	**euch** vă
sie ei / ele	**sie** îi, le	**ihnen** le
Sie dvs.	**Sie** dvs.	**Ihnen** vă

Se folosește **du** (tu) când se vorbește cu un singur prieten, rudă sau copil. Se folosește **ihr** (voi) pentru un grup de prieteni, rude sau copii. Se folosește **Sie** (dumneavoastră) când se vorbește cu un adult pe care nu îl cunoști bine. Forma de politețe **Sie,** atât la singular, cât la plural, se scrie cu majusculă. Lucrurile și persoanele au pronume diferite în funcție de genul cuvântului (**er** masculin, **sie** feminin, **es** neutru“), de exemplu:

masculin (singular)	feminin (singular)	neutru (singular)
der Junge băiatul	**die Frau** femeia	**das Kind** copilul
der Baum copacul	**die Zeitung** ziarul	**das Buch** cartea
er el	**sie** ea	**es** asta

La plural, nu se deosebește genul, pronumele se numește „sie“ (ei, ele).

masculin (plural)	feminin (plural)	neutru (plural)
die Jungen băieții	**die Frauen** femeile	**die Kinder** copiii
die Bäume pomii	**die Zeitungen** ziarele	**die Bücher**cărțile
sie ei	**sie** ele	**sie** ei

În propoziții impersonale și care includ fenomene meteorologice, se va folosi pronumele neutru „es“ (asta).

Es regnet.
ăs reegnăt
asta plouă
Plouă.

Es wird kalt.
ăs virt kalt
asta devine frig
O să fie frig.

Es schneit.
ăs șnait
asta ninge
Ninge.

Ich habe es eilig.
ih haabă ăs ailih
eu am asta repede
Mă grăbesc.

În vocabularul acestei cărți, substantivele sunt scrise cu articol și la plural. Semnul „=“ înseamnă că pluralul este la fel ca și singularul.

Pronumele personal în acuzativ și dativ

Dacă pronumele este în acuzativ sau dativ, se pune după verb. Dacă se folosesc două pronume, acuzativul stă înaintea dativului.

Ich sehe dich.
ih zeeă dih
eu văd tine
Eu te văd.

Ich liebe dich.
ih liibă dih
eu iubesc tine
Eu te iubesc.

Ich höre dich.
ih hööră dih
eu aud tine
Eu te aud.

Der Mann gibt es ihr.
de^{a} man ghiipt ăs ii^{a}
acest bărbat dă asta îi
Bărbatul îi dă ei.

Ich habe einen Hund.
ih haabă ainăn hunt
eu am un câine
Eu am un câine.

Ich habe ihn.
ih haabă iin
eu am îl
Eu îl am.

Pronumele posesiv

Pronumele posesiv arată posesia ca în limba română „al meu, al tău, ...“. Avem o formă pentru substantivele masculine și neutre, și o altă formă pentru substantivele feminine și la plural.

masculin, neutru	feminin, plural
mein (al meu)	**meine** (a mea)
dein (al tău)	**deine** (a ta)
sein (al său)	**seine** (a sa)
ihr (al ei)	**ihre** (a ei)
unser (al nostru)	**unsere** (a noastră)
euer (al vostru)	**eure** (a voastră)
ihr (al lor)	**ihre** (a lor)
Ihr (al dumneavoastră)	**Ihre** (a dumneavoastră)

În limba germană, există o singură formă de pronume personal. Nu există forme scurte sau neaccentuate, ca în limba română. Pronumele posesive preced substantivele și se folosesc fără articol.

mein Bruder *meu frate*	fratele meu
deine Frau *ta soție*	soția ta
unsere Zimmer *noastre camere*	camerele noastre
Ihre Ankunft *dvs. sosire*	sosirea dumneavoastră

Pronumele demonstrativ

Pronumele demonstrativ cel mai important este **dies** (acest, aceasta, acela, acelea ...).

Dies ist ein teurer Pullover.
diis ist ain toir[a] puloov[a]
acesta este un scump pulovăr
Acesta este un pulovăr scump.

Dies ist meine Reisetasche.
diis ist maină raizătașă
aceasta este a-mea călătorie-geantă
Aceasta este geanta mea de călătorie.

Când se folosește **dies** în fața substantivul, avem diferite terminații.

masculin: **dieser Pullover**	acest pulovăr
feminin: **diese Tasche**	această geantă
neutru: **dieses Buch**	această carte
plural: **diese Leute**	aceste persoane

Er ist derjenige, der einkaufen geht.
e[a] ist de[a]ieenigă de[a] ainkaufăn gheet
el este acela care cumpără merge
El este acela care merge la cumpărături.

Sie fährt jenes Auto.
zii fe[a]t ieenăs auto
ea conduce acest mașina
Ea conduce această masină.

Adjective

Când este folosit după verb, adjectivul rămâne la forma de bază, indiferent de gen sau dacă este la plural.

Das Wetter ist gut.
această vreme este bună
Vremea este bună.

Der Zug fährt schnell.
acest tren merge repede
Trenul merge repede.

În ultimul exemplu, adjectivul este folosit ca adverb. Adjectivul care stă in fața unui substantiv își schimbă forma și se folosește cu diferite terminații.

Adjectivul tare

După articolul nehotărât **ein, eine** (un, o), pentru substantivele masculine trebuie să adaugi terminația **-er,** pentru substantivele feminine terminația **-e,** și pentru substantivele neutre terminația -**es.** Fără articol la plural se adaugă terminația **-en.** Aceleași terminații se folosesc după pronumele posesive **mein, dein, sein, unser, euer, ihr** (meu, tău, lui, noastre, voastre, lor) și articolele negative **kein, keine** (nu, nicio).

m. **-er**	**ein schöner Pullover**	un pulovăr frumos
f. **-e**	**eine schöne Stadt**	un oraș frumos
n. **-es**	**ein schönes Haus**	o casă frumoasă
pl. **-en**	**meine schönen Blumen**	florile mele frumoase

Adjectivul fără articol

La adjectivele fără articol, terminațiile sunt la fel ca după articolele nehotărâte **ein, eine** (un, o), dar la plural **-e: schöne Blumen** (flori frumoase).

Adjectivul slab

După articolele hotărâte **der, die, das,** se adaugă terminația **-e** pentru toate genurile la singular. După articolul hotărât **die** la plural, se adaugă terminația **-en.** Aceleași terminații se folosesc după pronumele demonstrative **dieser, diese, dieses** (acest, această, acești, aceste).

m. **-e**	**der schöne Pullover**	pulovărul frumos
f. **-e**	**die schöne Stadt**	orașul frumos
n. **-e**	**das schöne Haus**	casa frumoasă
pl. **-en**	**die schönen Blumen**	florile frumoase

Adjective importante

alt (Person) bătrân	**jung** tânăr
alt (Sache) vechi	**neu** nou
dick gros	**schlank** slab
dumm prost	**klug** deștept
eng îngust	**breit** larg
günstig avantajos	**ungünstig** neavantajos
gut bun	**schlecht** rău
hoch înalt	**tief** adânc
kalt rece	**warm** cald
klein mic	**groß** mare
kurz scurt	**lang** lung
langsam încet	**schnell** repede
laut tare	**leise** încet
leicht ușor	**schwer** greu
nah aproape	**entfernt** departe
schön frumos	**hässlich** urât
selten rar	**häufig** adesea
teuer scump	**günstig, billig, preiswert** ieftin

Negație de adjective

În limba germană, în multe cazuri, adjectivele se neagă (formându-se antonime), punând silaba **un-** în fața cuvintelor. Cum ar fi:

Ruhe liniște	**Unruhe** neliniște
klar clar, desigur	**unklar** neclar, inexplicit
zufrieden mulțumit	**unzufrieden** nemulțumit
glücklich fericit	**unglücklich** nefericit

Culori

blau albastru	**braun** maro
gelb galben	**grün** verde
grau cenușiu	**lila** mov
rot roșu	**orange** portocaliu
weiß alb	**schwarz** negru

Modul de comparație a adjectivelor

În limba germană avem trei grade de comparație. Comparativul se formează de la forma de bază + **-er.** Superlativul se formează de la forma de bază + **sten.** Adjectiv la superlativ folosit ca adjectiv predicativ sau adverbial este precedat de **am.**

forma de bază	comparativ	superlativ
klein mic	**kleiner** mai mic	**am kleinsten** cel mai mic
schnell repede	**schneller** mai repede	**am schnellsten** cel mai repede

jung tânăr	**jünger** mai tânăr	**am jüngsten** cel mai tânăr
schön frumos	**schöner** mai frumos	**am schönsten** cel mai frumos

Spre deosebire de limba română, în limba germană termenii de comparație stau în același caz împreună cu verbul **sein** (a fi) și **werden** (a deveni) la sfârșitul propoziției.

Xenia ist klein.
Lidia ist klain
Lidia este mică
Lidia este mică.

Helga ist kleiner.
Helga ist klaina
Helga este mai-mică
Helga este mai mică.

Smita ist am kleinsten.
Anca ist am klainstăn
Anca este cea mai-mică
Anca este cea mai mică.

Das Benzin wird teurer.
das bentsiin vi^{a}t toira
această benzină devine mai-scump
Benzina devine mai scumpă.

Das Superbenzin ist am teuersten.
das suup^{a}bentsiin ist am toi^{a}stăn
această premium-benzină este cea mai-scump
Benzina premium este cea mai scumpă.

Adjectivele scurte primesc după comparație umlaute (vocalele se schimbă: **a → ä, o → ö, u → ü, au → äu**).

groß mare	**größer** mai mare	**am größten** cel mai mare
alt bătrân	**älter** mai bătrân	**am ältesten** cel mai bătrân
lang lung	**länger** mai lung	**am längsten** cel mai lung

Câteva adjective și adverbe importante se vor compara neregulat:

gut bun	**besser** mai bun	**am besten** cel mai bun
viel mult	**mehr** mai mult	**am meisten** cel mai mult
gern cu plăcere	**lieber** cu mare plăcere	**am liebsten** cu cea mai mare plăcere

Pentru o comparație se folosește construcția cu **so ... wie ...** (așa ... ca și / cum ...).

Mein Kleid ist so hübsch wie deins.
main klait ist zoo hübș vii dains
mea rochia este așa frumoasă ca a-ta
Rochia mea este așa de frumoasă ca și rochia ta.

Pentru o comparație cu comparativ se folosește **als** (decât).

Diese Bluse ist teurer als die andere.
diiză bluuză ist toir[a] als dii andără
aceasta bluză este mai-scumpă decât cealaltă
Această bluză este mai scumpă decât cealaltă.

Pentru o comparație la superlativ se folosește prepoziția **von** (dintre).

Das ist der schönste von allen Röcken.
das ist de[a] șöönstă fon alăn rökăn
asta este acesta mai-frumoasă dintre toate rochie
Asta este cea mai frumoasă rochie dintre toate.

Verbul și timpurile

Infinitivul este forma de bază a verbelor utilizate în dicționare. Majoritatea infinitivelor au terminația **-en.** De la infinitiv se dă la o parte terminația **-en,** astfel încât rămâne rădăcina, la care se adaugă terminațiile personale.

infinitiv	rădăcină
gehen (a merge)	**geh** (merg)
sagen (a zice)	**sag** (zic)
kaufen (a cumpăra)	**kauf** (cumpăr)
machen (a face)	**mach** (fac)

Prezentul

La verbele regulate (sau „slabe") la prezent se adaugă următoarele terminații la forma de bază:

machen (a face)		
-e	**ich mache**	eu fac
-st	**du machst**	tu faci
-t	**er/sie/es macht**	el / ea face
-en	**wir machen**	noi facem
-t	**ihr macht**	voi faceți
-en	**sie machen**	ei / ele fac
-en	**Sie machen**	dumneavoastră faceți

Timpul prezent poate fi folosit și cu sens de prezent și cu sens de viitor.

Ich komme jetzt nach Hause.	**Ich komme morgen nach Hause.**
ih komă ietst naah hauză	*ih komă moᵅgăn naah hauză*
eu vin acum spre casă	*eu vin mâine spre casă*
Eu vin acum acasă.	Eu vin mâine acasă.

Forma de politețe **Sie** (dumneavoastră) se folosește mereu cu verbul la plural.

Verbele care au terminația cuvântului de bază în **-d** sau **-t,** se schimbă la persoana a-II-a în **-est** iar la persoana a-III-a singular în **-et,** ca terminațiile să se articuleze mai bine.

arbeiten	a lucra
arbeit	rădăcină **-t**
er arbeitet	el lucrează
reden	a vorbi
red	rădăcină **-d**
er redet	el vorbește
antworten	a răspunde
antwort	rădăcină **-t**
er antwortet	el răspunde

Verbe tari

Verbele tari au aceleași terminații ca și verbele regulate la prezent, dar vocala verbului de bază se schimbă la persoana a II-a (tu) și la persoana a III-a (el / ea) singular.

a → **ä**	**e** → **i** sau **ie**	**au** → **äu**

Acest fenomen există și în limba română. De exemplu: **ich wasche → du wäschst** (eu spăl → tu speli).

a g ä: fahren (a conduce)	
ich fahre eu conduc	**wir fahren** noi conducem
du fährst tu conduci	**ihr fahrt** voi conduceți
er/sie fährt el / ea conduce	**sie fahren** ei / ele conduc
Sie fahren dvs. conduceți	

e g i: sprechen (a vorbi)	
ich spreche eu vorbesc	**wir sprechen** noi vorbim
du sprichst tu vorbești	**ihr sprecht** voi vorbiți
er/sie spricht el/ea vorbește	**sie sprechen** ei/ele vorbesc
Sie sprechen dvs. vorbiți	

au g äu: laufen (a merge)	
ich laufe eu merg	**ihr lauft** voi mergeți
du läufst tu mergi	**wir laufen** noi mergem
er/sie läuft el / ea merge	**sie laufen** ei / ele merg
Sie laufen dvs. mergeți	

În listele de cuvinte din această carte, o să găsiți fiecare verb la persoana a III-a singular în timpul prezent și perfect.

Verbele ajutătoare „a fi" și „a avea"

Aceste două verbe importante sunt, din păcate, verbe neregulate. Sunt foarte des folosite în limba germană, de aceea trebuie învățate toate formele.

a fi (timpul prezent)	(timpul imperfect)
ich bin eu sunt	**ich war** eu eram
du bist tu ești	**du warst** tu erai
er/sie/es ist el / ea este	**er/sie/es war** el / ea era
wir sind noi suntem	**wir waren** noi eram
ihr seid voi sunteți	**ihr wart** voi erați
sie sind ei / ele sunt	**sie waren** ei / ele erau
Sie sind dvs. sunteți	**Sie waren** dvs. erați

a avea (timpul prezent)	(timpul imperfect)
ich habe eu am	**ich hatte** eu aveam
du hast tu ai	**du hattest** tu aveai
er/sie/es hat el / ea are	**er/sie/es hatte** el / ea avea
wir haben noi avem	**wir hatten** noi aveam
ihr habt voi aveți	**ihr hattet** voi aveați
sie haben ei / ele au	**sie hatten** ei / ele aveau
Sie haben dvs. aveți	**Sie hatten** dvs. aveați

Bist du verheiratet?
bist duu f^ehairatăt
ești tu căsătorit
Tu ești căsătorit(ă)?

Ich habe einen Hund.
ih haabă ainăn hunt
eu am un câine
Eu am un câine.

Verbele modale

În limba germană există 7 verbe neregulate numite și verbe modale. Ele sunt foarte des întâlnite și se folosesc cu un verb la infinitiv care se află la sfârșitul propoziției.

müssen	a trebui, a fi nevoit
sollen	a avea nevoie, a se cuveni
können	a ști, a putea
lassen	a lăsa
wollen	a vrea
dürfen	a permite, a putea
mögen	a plăcea, a dori

Timpul conjunctiv se folosește adesea pentru întrebări politicoase sau invitații, corespunde „aș" cu verbul. Dacă vrei să ceri ceva politicos se va folosi **ich möchte** (aș vrea). „ich möchte" este o formă specială a verbului modal **mögen** (a vrea):

ich müsste	aș trebui
ich sollte	aș trebui
ich könnte	aș putea
ich lasse	aș lăsa
ich wollte	aș vrea
ich dürfte	aș putea
ich möchte	aș dori

Ich will heute in die Stadt fahren.
ih vil hoită in dii ștat faarăn
eu vreau astăzi în acest oraș merge
Eu vreau să merg astăzi în oraș.

Ich muss noch einkaufen.
ih mus noh ainkaufăn
eu trebui deja cumpăra
Eu trebuie să mă duc la cumpărături.

Ich möchte einen Kaffee mit Milch.
ih möhtă ainăn kafee mit milh
eu aș-dori o cafea cu lapte
Eu aș dori o cafea cu lapte.

Könnten Sie mir helfen?
köntăn zii mi[a] helfăn
ați-putea dvs. mă ajuta
Puteți să mă ajutați?

prezent: **müssen** (a trebui)	
ich muss	**wir müssen**
du musst	**ihr müsst**
er/sie muss	**sie müssen**
Sie müssen	**Sie müssen**

prezent: **wollen** (a vrea)	
ich will	**wir wollen**
du willst	**ihr wollt**
er/sie will	**sie wollen**
Sie wollen	**Sie wollen**

prezent: **sollen** (a avea nevoie)	
ich soll	**wir sollen**
du sollst	**ihr sollt**
er/sie soll	**sie sollen**
Sie sollen	**Sie sollen**

prezent: **dürfen** (a permite)	
ich darf	**wir dürfen**
du darfst	**ihr dürft**
er/sie darf	**sie dürfen**
Sie dürfen	**Sie dürfen**

prezent: **können** (a putea)	
ich kann	**wir können**
du kannst	**ihr könnt**
er/sie kann	**sie können**
Sie können	**Sie können**

prezent: **mögen** (a plăcea)	
ich mag	**wir mögen**
du magst	**ihr mögt**
er/sie mag	**sie mögen**
Sie mögen	**Sie mögen**

prezent: **lassen** (a lăsa)	
ich lasse	**wir lassen**
du lässt	**ihr lasst**
er/sie lässt	**sie lassen**
Sie lassen	**Sie lassen**

Sollen se poate folosi și atunci când vrei să faci ceva. Exemplu: **Soll ich einkaufen gehen?** (Să mă duc eu la cumpărături?) Verbele modale **können** și **dürfen** au același sens care înseamnă a avea voie sau a putea. Ambele sunt folosite în întrebări pentru a cere permisiunea să faci ceva, dar **dürfen** este mai politicos. La verbul modal, nu se folosește timpul perfect compus, numai imperfectul.

ich möchte eu doresc	**wir möchten** noi dorim
du möchtest tu dorești	**ihr möchtet** voi doriți
er/sie/es möchte el / ea dorește	**sie möchten** ei doresc

Alte verbe neregulate:

wissen (a ști)	prezent	imperfect	conjunctiv
ich	**weiß**	**wusste**	**wüsste**
du	**weißt**	**wusstest**	**wüsstest**
er/sie/es	**weiß**	**wusste**	**wüsste**
wir	**wissen**	**wussten**	**wüssten**
ihr	**wisst**	**wusstet**	**wüsstet**
sie	**wissen**	**wussten**	**wüssten**
Sie	**wissen**	**wussten**	**wüssten**

werden (a deveni)	prezent	imperfect	conjunctiv
ich	**werde**	**wurde**	**würde**
du	**wirst**	**wurdest**	**würdest**
er/sie/es	**wird**	**wurde**	**würde**
wir	**werden**	**wurden**	**würden**
ihr	**werdet**	**wurdet**	**würdet**
sie	**wissen**	**wussten**	**wüssten**
Sie	**wissen**	**wussten**	**wüssten**

Imperativul

Imperativul exprimă o rugăminte, o invitație, o dorință, o urare, un îndemn, un ordin. Forma de politețe **Sie** (dumneavoastră) este la fel ca infinitiv. Formulările la imperativ se fac de obicei cu folosirea cuvintelor **bitte** (vă/te rog), **mal** (o dată), **doch** (încă).

Kommen Sie!	Veniți!
Schauen Sie!	Uitați-vă!
Kommen Sie bitte!	Vă rog să veniți!
Kommen Sie mal!	Veniți o dată!
Kommen Sie doch mal!	Veniți încă o dată!
Kommen Sie doch bitte mal!	Vă rog să veniți o dată!

Verbe cu particulă separabilă

Verbele cu particulă separabilă, sunt formate dintr-un verb de bază și un alt cuvânt care îi este atașat la început (numit prefix). De multe ori, prefixul se desparte de verb și se trece la sfârșitul propoziției. Verbe cu particulă separabilă des întâlnite:

prefix, verbe cu prefix & exemplu în propoziție cu „eu“	
an (la):	**anfangen** (a începe) **ich fange an** (eu încep)
ab (de la):	**abfahren** (a pleca) **ich fahre ab** (eu plec)
auf (pe):	**aufmachen** (a deschide) **ich mache auf** (eu deschid)
aus (din):	**aussteigen** (a coborî) **ich steige aus** (eu cobor)
bei (la):	**beibringen** (a învăța) **ich bringe bei** (eu învăț)
fest (fix):	**feststellen** (a constata) **ich stelle fest** (eu constat)
fort (dus):	**fortfahren** (a continua) **ich fahre fort** (eu mă duc)

her (aici, încoace):	**herkommen** (a se apropia) **ich komme her** (eu mă apropii)
heraus (afară)	**herausfordern** (a provoca) **ich fordere heraus** (eu provoc)
herein (în):	**hereinholen** (a aduce înăuntru) **ich hole herein** (eu aduc înăuntru)
hin (înspre / întra colo):	**hinlegen** (a pune jos) **ich lege hin** (eu pun jos)
hinein (înăuntru):	**hineinkommen** (a intra) **ich komme hinein** (eu intru)
hinaus (afară):	**hinauslaufen** (a fugi afară) **ich laufe hinaus** (eu fug afară)
ein (în):	**einladen** (a invita) **ich lade ein** (eu invit)
los (desprins):	**loslassen** (a da drumul) **ich lasse los** (eu dau drumul)
mit (cu):	**mitkommen** (a însoți) **ich komme mit** (eu însoțesc)
nach (după):	**nachdenken** (a reflecta) **ich denke nach** (eu reflectez)
vor (în fața):	**vorhaben** (a avea de gând) **ich habe vor** (eu am de gând)
vorbei (pe lângă):	**vorbeigehen** (a trece pe lângă) **ich gehe vorbei** (eu trec pe lângă)
um (în jurul):	**umziehen** (a se muta) **ich ziehe um** (eu mă mut)
weg (dus):	**weggehen** (a pleca) **ich gehe weg** (eu plec)
wieder (din nou):	**wiederkommen** (a reveni) **ich komme wieder** (eu revin)
zu (la, prea):	**zusehen** (a privi) **ich sehe zu** (eu privesc)

zurück (înapoi):	**zurückkommen** (a se întoarce) **ich komme zurück** (eu mă întorc)
zusammen (împreună):	**zusammenarbeiten** (a colabora) **ich arbeite zusammen** (eu colaborez)

Ich fange morgen mit der Arbeit an.
ih fangă mo^{a}găn mit de^a aa^{r}bait an
eu încep mâine cu această lucrare (la)
Eu încep mâine cu lucrarea.

Wo steigen Sie aus?
voo ștaigăn zii aus
unde coborâți dvs. (din)
Unde coborâți?

În traducerea literară semnificația prefixului separabil se pune între (). Prefixele neseparabile rămân atașate de verb.

prefixul neseparabil, verbe & exemplu în propoziție cu „eu“		
be-	**bezahlen**	**ich bezahle** eu plătesc
emp-	**empfangen**	**ich empfange** eu primesc
er-	**erzählen**	**ich erzähle** eu povestesc
ge-	**gefallen**	**ich gefalle** mie îmi place
ent-	**entscheiden**	**ich entscheide** eu decid
miss-	**misshandeln**	**ich misshandele** eu maltratez
ver-	**versuchen**	**ich versuche** eu încerc
über-	**überraschen**	**ich überrasche** eu surprind
unter-	**unternehmen**	**ich unternehme** eu întreprind
zer-	**zerbrechen**	**ich zerbreche** eu sparg

Verbe reflexive

Verbele reflexive sunt întotdeauna însoțite de un pronume, precum **mich** (mă), **dich** (te) ș.a.m.d. Pronumele reflexive sunt plasate în propoziție după verb (în limba română se află în fața verbului).

singular	plural
ich – mich eu mă	**wir – uns** noi ne
du – dich tu te	**ihr – euch** voi vă
er/sie/es – sich el / ea se	**sie – sich** ei / ele se
Sie – sich dvs. vă	**Sie – sich** dvs. vă

De exemplu **sich waschen** (a se spăla):

ich wasche mich	eu mă spăl
du wäschst dich	tu te speli
er wäscht sich	el se spală
Sie waschen sich	dvs. vă spălați
wir waschen uns	noi ne spălăm
ihr wascht euch	voi vă spălați
sie waschen sich	ei / ele se spală
Sie waschen sich	dvs. vă spălați

Verbe reflexive utile:

infinitiv & exemplu cu „eu“	
sich anziehen a se îmbrăca	**ich ziehe mich an** eu mă îmbrac
sich ärgern a se enerva	**ich ärgere mich** eu mă enervez

sich ausruhen a se odihni	**ich ruhe mich aus** eu mă odihnesc
sich ausziehen a se dezbrăca	**ich ziehe mich aus** eu mă dezbrac
sich beeilen a se grăbi	**ich beeile mich** eu mă grăbesc
sich beruhigen a se liniști	**ich beruhige mich** eu mă liniștesc
sich freuen a se bucura	**ich freue mich** eu mă bucur
sich fühlen a se simți	**ich fühle mich** eu mă simt
sich kämmen a se pieptăna	**ich kämme mich** eu mă piaptăn
sich rasieren a se bărbieri	**ich rasiere mich** eu mă bărbieresc
sich setzen a se așeza	**ich setze mich** eu mă așez
sich umziehen a se schimba	**ich ziehe mich um** eu mă schimb

În limba română sunt verbe reflexive care nu sunt în limba germană. La fel sunt verbe reflexive în limba germană care nu sunt în limba română. De exemplu:

denken a se gândi	**ich denke** eu mă gândesc
aufstehen a se scula	**ich stehe auf** eu mă scol
heißen a se numi	**ich heiße Anca** eu mă numesc A.
sich irren a greși	**ich irre mich** eu greșesc
sich erkälten a răci	**ich erkälte mich** eu răcesc
sich verspäten a întârzia	**ich verspäte mich** eu întârzii

Spre deosebire de limba română, pronumele reflexiv este plasat în propoziția principală după verb.

Ich ärgere mich über die Verspätung.
ih e[a]gără mih üüb[a] dii v[a]șpeetunk
eu enervez mă de acesta întârziere
Eu mă enervez că ai întârziat.

Ich fühle mich heute nicht gut.
ih füülă mih hoită niht guut
eu simt mă azi nu bine
Eu nu mă simt bine astăzi.

Trecutul

Există mai multe forme de trecut. Cea mai frecventă formă de trecut în vorbirea curentă este perfectul compus. Timpul la perfect este format din două parți: un verb auxiliar **haben** (a avea) sau **sein** (a fi) și participiul trecut. Pentru participiul trecut, se adaugă **ge-** în fața formei de bază a verbului iar la sfârșit terminația **-t.**

infinitiv: **-en**	verb de bază	participiu: **ge-t**
kaufen a cumpăra	**kauf-**	**gekauft** cumpărat
machen a face	**mach-**	**gemacht** făcut
sagen a spune	**sag-**	**gesagt** spus

Verbele tari (sau neregulate) au de multe ori terminația **-en.**

infinitiv: **-en**	verb de bază	participiu: **ge-en**
sehen a vedea	**seh-**	**gesehen** văzut
kommen a veni	**komm-**	**gekommen** venit
schlafen a dormi	**schlaf-**	**geschlafen** dormit

La verbele cu prefixe separabile, terminația **ge** stă între prefix și verb.

infinitiv: **-en**	verb de bază	participiu: [prefix]-**ge-t**
aufmachen a deschide	**auf-mach-**	**aufgemacht** deschis
einkaufen a cumpăra	**ein-kauf-**	**eingekauft** cumpărat

Verbele cu prefixul inseparabil și toate verbele terminate în **-ieren** se formează fără **ge-**.

infinitiv: **-en**	verb de bază	participiu: **-t**
versuchen a încerca	**versuch-**	**versucht** încercat
besuchen a vizita	**besuch-**	**besucht** vizitat
erzählen a povesti	**erzähl-**	**erzählt** povestit
telefonieren a suna	**telefonier-**	**telefoniert** sunat
reparieren a repara	**reparier-**	**repariert** reparat

Timpul perfect se formează cu verbul ajutător **haben** (a avea) ca în limba română.

sagen (a spune): perfectul cu **haben**	
ich habe gesagt	eu am spus
du hast gesagt	tu ai spus
er/sie hat gesagt	el / ea a spus
wir haben gesagt	noi am spus
ihr habt gesagt	voi ați spus
sie haben gesagt	ei / ele au spus
Sie haben gesagt	dumneavoastră ați spus

Alte exemple care se formează cu verbul **haben** (a avea) la timpul perfect:

infinitiv	a III-a persoană la perfect
denken a gândi	**er/sie/es hat gedacht** a gândit
essen a mânca	**er/sie/es hat gegessen** a mâncat
finden a găsi	**er/sie/es hat gefunden** a găsit
geben a da	**er/sie/es hat gegeben** a dat
helfen a ajuta	**er/sie/es hat geholfen** a ajutat
kennen a cunoaște	**er/sie/es hat gekannt** a cunoscut
reservieren a reserva	**er/sie/es hat reserviert** a reservat
schlafen a dormi	**er/sie/es hat geschlafen** a dormit
schreiben a scrie	**er/sie/es hat geschrieben** a scris

Verbele de mișcare se combină cu verbul **sein** (a fi). Verbele care se formează la perfect cu verbul **sein** (a fi):

kommen (a veni): perfectul cu **sein**	
ich bin gekommen	eu am venit
du bist gekommen	tu ai venit
er/sie ist gekommen	el / ea a venit
wir sind gekommen	noi am venit
ihr seid gekommen	voi ați venit
sie sind gekommen	ei / ele au venit
Sie sind gekommen	dumneavoastră ați venit

Multe verbe care se referă la o schimbare a locului (a merge, a coborî) sau o schimbare a stării (a muri) se înclud aici:

infinitiv	a III-a persoană la perfect
ankommen a ajunge	**er ist angekommen** a ajuns
aufstehen a se ridica	**er ist aufgestanden** a ridicat

aufwachen a se trezi	**er/sie/es ist aufgewacht** s-a trezit
aussteigen a cobori	**er ist ausgestiegen** a coborât
schwimmen a înota	**er / ist geschwommen** a înotat
sein a fi	**er/sie/es ist gewesen** a fost
springen a sări	**er/sie/es ist gesprungen** a sărit
sterben a muri	**er/sie/es ist gestorben** a murit
stürzen a cădea	**er/sie/es ist gestürzt** a căzut

Participiul se pune la sfârșitul propoziției, cum este în traducerea literară.

Ich habe einen Computer gekauft.
ih haabă ainăn kompiuut^{a} găkauft
eu am un computer cumpărat
Eu am cumpărat un computer.

Ich bin nach Berlin gefahren.
ih bin naah be^{a}liin găfaarăn
eu sunt spre Berlin merge
Eu am mers la Berlin.

Ich habe dich gestern in der Stadt gesehen.
ih haabă dih ghest^{a}n in de^{a} ștat găzeeăn
eu am tine ieri în acest oraș văzut
Eu te-am văzut ieri în oraș.

Fiecare verb din dicționarul cărții este la infinitiv, prezent și la perfectul compus.

gehen a merge	**geht** merg	**ist gegangen** a mers
kaufen a cumpăra	**kauft** cumpără	**hat gekauft** a cumpărat

Alte timpuri

În limba germană timpul prezent se folosește și pentru timpul viitor (în vorbirea curentă).

Ich gehe morgen in die Stadt.
ih gheeă mo^{a}găn in dii ștat
eu merg mâine în acest oraș
Eu merg mâine în oraș.

Im Sommer fahre ich nach Spanien.
im zom^{a} faară ih naah șpaaniăn
la vară merg eu spre Spania
La vară merg în Spania.

Timpul condițional se formează cu **würde** (aș) și infinitiv la sfârșitul propoziției.

Ich würde ins Kino gehen.
ih vüădă ins kiino gheeăn
eu aș în cinema merge
Eu aș merge la cinema.

Ich würde gerne kommen.
ih vüădă ghe^{a}nă komăn
eu aș cu-plăcere veni
Eu aș veni cu plăcere.

Declinarea / cazurile

În limba germană există 4 cazuri de declinare. În propoziția „Pisica mănâncă șoarecele pe stradă.“, „pisica“ face acțiunea și este la nominativ. „șoarecele“ este obiectul la acuzativ și „pe stradă“ indică locul acțiunii la dativ.

nominativ: • persoana care face acțiunea	**wer?** (cine?) **Ich lerne.** Eu învăț.
acuzativ: • obiectul acțiunii • direcția sau țelul mișcării	**wen?** (pe cine?) **Ich kaufe ein Buch.** Eu cumpăr o carte. **Ich gehe in die Schule.** Eu merg la școală.
dativ: • complementul indirect • locul acțiunii	**wem?** (cui?) **Ich gebe dir ein Geschenk.** Eu îți dau un cadou. **Ich bin im Krankenhaus.** Eu sunt în spital.
genitiv: • o posesie sau o afiliere	**wessen?** (cui?) **Tobias' Blumen sind schön.** Florile lui Tobias sunt frumoase.

În limbajul familiar nu se folosește des. Avem forme diferite pentru articole, pronume (precum și în limbă română) și adjective. Simplificare: La adjectivele puse în cazurile de acuzativ și dativ se adaugă terminația „-en".

Articolele în cele 4 cazuri

cazul	articol hotărât			
	masculin	feminin	neutru	plural
nominativ	**der**	**die**	**das**	**die**
genitiv	**des**	**der**	**des**	**der**
dativ	**dem**	**der**	**dem**	**den**
acuzativ	**den**	**die**	**das**	**die**

cazul	articol nehotărât			
	masculin	feminin	neutru	plural
nominativ	**ein**	**eine**	**ein**	-
genitiv	**eines**	**einer**	**eines**	-
dativ	**einem**	**einer**	**einem**	-
acuzativ	**einen**	**eine**	**ein**	-

cazul	articol negativ			
	masculin	feminin	neutru	plural
nominativ	**kein**	**keine**	**kein**	**keine**
genitiv	**keines**	**keiner**	**keines**	**keiner**
dativ	**keinem**	**keiner**	**keinem**	**keinen**
acuzativ	**keinen**	**keine**	**keinen**	**keine**

Cazul nominativ

Nominativul este forma de bază a unui cuvânt, fără terminații. Această formă se va afla în dicționarul cărții. Subiectul unei propoziții (**wer?** cine?) stă în general în cazul nominativ.

m.	**der Mann** (bărbatul)	**ein Mann** (un bărbat)
f.	**die Frau** (femeia)	**eine Frau** (o femeie)
n.	**das Kind** (copilul)	**ein Kind** (un copil)
pl.	**die Leute** (oamenii)	**Leute** (oameni)

Cazul acuzativ

m.	**den Mann** (bărbatul)	**einen Mann** (un bărbat)
f.	**die Frau** (femeia)	**eine Frau** (o femeie)
n.	**das Kind** (copilul)	**ein Kind** (un copil)
pl.	**die Leute** (oamenii)	**Leute** (oameni)

Cum se vede, numai forma articolului masculin se schimbă. Articolele feminine, neutre și articolele în plural nu se schimbă. Un substantiv se află în cazul acuzativ atunci când are funcția de complement direct într-o propoziție (persoana sau obiectul asupra căruia/căreia se răsfrânge acțiunea): **Ich sehe einen Baum** (Eu văd un copac), **Ich kaufe einen Stuhl** (Eu cumpăr un scaun). După verbele de mișcare, acuzativul se va folosi cu prepozițiile **in** (în), **auf** (pe), **unter** (sub): **Ich gehe in die Schule.** (Eu merg la școală.). Cuvintele cele mai importante și foarte folosite sunt: „es gibt“ (există) și se folosesc cu acuzativ.

Wo gibt es einen Geldautomaten?
voo ghiipt ăs ainăn ghelt-automaat
unde există asta un bani-automat
Unde este un bancomat?

Es gibt hier einen.
ăs ghiipt hii^{a} ainăn
asta există aici unul
Aici este unul.

Cazul dativ

m.	**dem Mann** (bărbatului)	**einem Mann** (unui bărbat)
f.	**der Frau** (femeiei)	**einer Frau** (unei femei)
n.	**dem Kind** (copilului)	**einem Kind** (unui copil)
pl.	**den Leuten** (oamenilor)	**Leuten** (oamenilor)

Cazul dativ se folosește ca și în limba română. La singular își schimbă numai articolul. Pluralul substantivului primește terminația **-n.** Unele verbe se folosesc întotdeauna cu un obiect la dativ: **Ich helfe dem Kind** (Eu îl ajut pe acest copil).

verbe cu dativ	
antworten a răspunde	**gefallen** a plăcea
begegnen a întâlni	**gehören** a aparține
danken a mulțumi	**glauben** a crede
fehlen a lipsi	**helfen** a ajuta

În cuvântul **es gefällt** (îi place), persoana se află la dativ ca și în gramatica limbii române: **Gefällt dir das Bild?** (Îți place poza?). Și la cuvântul **es geht** (merge), persoana se află la dativ.

Wie geht es deiner Freundin?
vii gheet ăs dain^{a} froindin
cum merge asta ta prietenă
Cum îi merge la prietena ta?

Ihr geht es gut.
ii^{a} gheet ăs guut
ei merge asta bine
Ei îi merge bine.

Cazul genitiv

Cazul genitiv indică o posesie și se folosește aproape numai pentru nume de persoane unde se adaugă terminația **-s** și stă în fața substantivului: **Bunis Mutter** (mama lui Buni), **Xenias Haus** (casa lui Xenia).

Prepozițiile

Substantivele sau pronumele, care urmează după o prepoziție, sunt în cazul dativ sau acuzativ. Dativul este cel mai folosit după prepoziții în limba germană. După prepoziții se folosesc articolele: **in der Klasse** (în clasă).

Prepoziții cu dativ

Prepozițiile cu dativ indică locul acțiunii.

aus în afară, din	**nach** după
bei la	**seit** de când (referitor la timp)
bis zu până la	**von** la, de la
gegenüber vizavi	**von … bis …** de la … până la …
mit cu	**zu** la, spre, către (ref. la direcție)

Unele prepoziții se pot contopi cu articole hotărâte.

an + **dem** = **am** la	**bei** + **dem** = **beim** la
in + **dem** = **im** în	**von** + **dem** = **vom** de la
zu + **dem** = **zum** la	**zu** + **der** = **zur** la

Ich bin im Haus.
ih bin im haus
eu sunt în-această casă
Eu sunt în casă.

Sie kommt vom Sport.
zii komt fom șpo^a^t
ea vine de-la sport
Ea vine de la sport.

Sie gehen zur Schule.	**Er muss zum Arzt.**
zii gheeăn tsuᵃ șuulă	*eᵃ mus tsum aaʳtst*
ele merg la școală	*el trebuie la medic*
Ele merg la școală.	El trebuie să meargă la medic.

Prepoziții cu acuzativ

durch prin	**gegen** contra, împotriva, înspre
ohne fără	**entlang** de-a lungul (după substantiv)
für pentru	**um** la (ora), în jurul

Prepoziții cu dativ sau acuzativ

Aceste prepoziții indică în general direcția / mișcarea (cu acuzativ), sau indică locul (cu dativ).

an la, pe	**neben** lângă
auf pe, deasupra	**über** peste, despre, dincolo
hinter în spatele	**unter** sub, printre
in în (referitor la loc)	**vor** în față, înainte
in peste (referitor la timp)	**zwischen** între

Există verbe care se combină cu anumite prepoziții, ca de exemplu:

denken an (Akk.)	a se gândi la
sich freuen auf (Akk.)	a se bucura pentru
Angst haben vor (Dat.)	a se teme de

Prepoziții cu genitiv

În limbajul de zi cu zi, se folosește cazul dativ în loc de cazul genitiv.

trotz chiar dacă	**statt, anstatt** în loc de
während când, între timp	**wegen** din cauza
innerhalb *(loc)* înăuntru	**außerhalb** *(loc.)* afară
innerhalb *(timp)* înăuntru	**außerhalb** *(timp)* în afară

Întrebări

Întrebările românești de declarație se disting doar prin accent. Pentru a pune întrebări în limba germană, nu trebuie decât să inversăm ordinea cuvintelor din propoziție și să punem subiectul după verb.

Er ist Arzt.
e^a ist aa^rtst
el este medic
El este medic.

Ist er Arzt?
ist e^a aa^rtst
este el medic
El este medic?

Următoarele întrebări stau la începutul propoziției și sunt urmate de verb, apoi de subiect:

wann? când?	**wessen?** a cui?
seit wann? de când?	**wie?** cum?
warum? de ce?	**wieso?** cum așa?
was? ce?	**wie viel?** cât?

welche? care?	**wo?** unde?
wem? cui?	**woher?** de unde?
wen? pe cine?	**wohin?** unde, încotro?
wer? cine?	**wo ist** unde este?
weshalb? din ce motiv?	**wozu?** pentru ce?

Wann kommst du?
van komst duu
când vii tu
Când vii?

Ich komme in 2 Stunden.
ih komă in tsvai ștundăn
eu vin în 2 ore
Vin în 2 ore.

Wohin gehen wir?
vohin gheeăn vi[a]
încotro mergem noi
Unde mergem?

Wir gehen jetzt ins Kino.
vi[a] gheeăn ietst ins kiino
noi mergem acum la cinema
Acum mergem la cinema.

Woher kommst du?
voohee[a] komst duu
de unde vii tu
De unde vii?

Ich mache Urlaub.
ih mahă uu[a]laup
eu fac concediu
Eu sunt în concediu.

Was möchtest du?
vas möhtăst duu
ce dorești tu
Ce dorești?

Ich möchte ein kaltes Bier.
ih möhtă ain kaltăs bii[a]
eu doresc o rece bere
Doresc o bere rece.

Adverbe

Adverbele sunt cuvinte care oferă informații suplimentare despre o acțiune (când, unde, cum) și pot determina un verb, un adjectiv, sau alte adverbe. În limba germană adjectivele fără terminație pot fi folosite ca adverbe. Când o propoziție începe cu un adverb, ordinea cuvintelor se va folosi invers, verbul rămâne pe locul al doilea după adverb, și apoi urmează subiectul.

Der Zug fährt schnell.
de^a tsuuk fee^at șnel
acest tren merge repede
Trenul merge repede.

Heute scheint die Sonne.
hoită șaint dii zonă
astăzi strălucește acest soare
Astăzi, soarele strălucește.

Cele mai importante adverbe

Adverbul îți spune „când“ are loc acțiunea, și răspunde la întrebările:

wann?	când?
wie oft?	de câte ori? cât de des?
wie lange?	cât timp?

abends seara	**ab und zu** când și când
alle Jahre wieder în fiecare an	**damals** atunci
dann atunci	**dauernd** permanent
einmal odată	**früh** devreme
früher mai înainte	**gestern** ieri
gestern Abend aseară	**gleichzeitig** totodată
häufig adesea	**heute** astăzi, azi
heute Abend diseară	**hin und wieder** din când în când
immer mereu, totdeuna	**immer mehr** tot mai mult
immer noch încă	**immer wieder** tot mereu, iar și iar
irgendwann cândva	**jedes Mal** de fiecare dată

jemals vreodată	**jetzt** acum
manchmal câteodată	**meistens** de cele mai multe ori
morgen mâine	**morgen früh** mâine dimineață
nachmittags după-amiază	**nie, niemals** niciodată
oft des	**öfter** adesea
pünktlich punctual	**schon** deja
selten rar, rareori	**spät** târziu
später mai târziu	**ständig** permanent
stündlich din oră în oră	**täglich** zilnic, în fiecare zi
übermorgen poimâine	**von Zeit zu Zeit** din când în când
vorgestern alaltăieri	**vorher** înainte
vormittags dimineața	**wieder** iarăși
x-mal de nenumărate ori	**zig-mal** de zeci de ori

Adverbe de mod

Adverbele de mod descriu „cum“ se petrece acțiunea, răspund la întrebările:

wie? **auf welche Weise?**	cum? în ce mod?

ebenso de asemenea	**fast** aproape
genau exact	**gerne** cu plăcere
glücklicherweise din fericire	**gründlich** amănunțit
normalerweise normal	**schnell** repede
sehr foarte	**selten** rar
so așa	**vielleicht** poate
viel mult	**wahrscheinlich** probabil
wirklich chiar, adevărat, în realitate	

Adverbe de loc

... indică locul „unde“ are loc acțiunea, și răspund la întrebările:

wo?	unde?
wohin?	unde? încotro?
woher?	de unde?

da aici, acolo	**da drüben** dincolo
dahin acolo (către)	**dort** acolo
dorther de acolo	**dorthin** într-acolo
draußen afară	**drinnen** înăuntru
gegenüber vizavi	**heraus** afară
hier aici	**hierher** încoace
hindurch prin	**hin** încolo
hinein înăuntru	**hinten** în spate
irgendwo undeva	**links** la stânga
nach Hause (către) casă, acasă	**nach hinten** înapoi
nach oben în sus	**nach unten** în jos
nah, nahe aproape	**nebenan** alături
nirgends nicăieri	**nirgendwo** nicăieri
oben sus	**rechts** la dreapta
überall peste tot	**unten** jos
von hinten din spate	**von oben bis unten** de sus până jos
von unten de jos	**vorne, nach vorn** în față
weit departe	**woanders** altundeva
zentral în centru	**zu Hause** acasă

Alte adverbe	
auch și	**auf jeden Fall** oricum, categoric
deshalb de aceea	**doch, jedoch** dar, iar
kaum abia	**nicht** nu
normalerweise în general	**nur** numai
trotzdem totuși	

Negația

În limba germană, negația se poate face prin mai multe modalități.

1. **nein** (nu)

Răspunsul negativ la o întrebare este **nein** (nu).

Kommst du?	**Nein.**
komst duu	*nain*
Vii cu mine?	Nu.

2. **nicht** (nu)

Cea mai frecventă negație folosită este **nicht** (nu) și se pune la sfârșitul propoziției după verb, în românește înaintea verbului.

Kommen Sie heute?	**Nein, ich komme nicht.**
komăn zii hoită	*nain, ih komă niht*
veniți dvs. azi	*nu, eu vin nu*
Dumneavoastră veniți astăzi?	Nu, eu nu vin.

În cazul în care o propoziție este formată din mai multe verbe, negarea stă înaintea celui de-al doilea verb (infinitivul sau participiul).

Ich will nicht tanzen.
ih vil niht tantsăn
eu vreau nu dansez
Nu vreau să dansez.

Ich habe dich nicht gesehen.
ih haabă dih niht găzeeăn
eu am te nu văzut
Eu nu te-am văzut.

În propozițiile care conțin verbul **sein** (a fi) sau **werden** (a deveni) negația **nicht** (nu) se pune de obicei înaintea adjectivelor sau a substantivelor.

Es ist nicht warm.
ăs ist niht vaa^r m.
asta este nu cald
Nu este cald.

Ich bin nicht der Chef.
ih bin niht de^a șef
eu sunt nu acest șef
Eu nu sunt șeful.

3. **kein** (nici un, nici una, nici o, nici unul)

Articolele negative **kein, keine** (nici un, nici una, nici o, nici unul) sunt utilizate pentru negația de substantive nehotărâte în special folosite ca obiect. În acest caz corespund „nici unul“ sau „nici una“. Pentru obiecte hotărâte, se folosește articolul **nicht** (nu), cum ar fi:

Er wollte ein Eis.
e^a voltă ain ais
el vrea o înghețată
El a vrut o înghețată.

Er wollte kein Eis.
e^a voltă kain ais
el vrea nici-o înghețată
El nu a vrut înghețată.

Er wollte das Eis nicht.
e^a voltă das ais niht
el vrea acest înghețată nu
El nu a vrut înghețata.

4. Nu există negație dublă.

Următoarele negații nu se combină cu negația **nicht** (nu).

nie, niemals niciodată	**niemand** nimeni
nichts nimic	**auch nicht** nici
auf keinen Fall în nici un caz	**keinesfalls** nicidecum
gar nicht deloc	**überhaupt nicht** deloc
nirgends, nirgendwo nicăieri	**weder ... noch ...** nici ... nici ...

Ich sehe nichts.
ih zeeă nihts
eu văd nimic
Eu nu văd nimic.

Ich fahre nie in die Berge.
ih faară nii in dii be^{a}gă
eu merg niciodată în munți
Eu nu mă duc niciodată la munte.

Kommen Sie heute nicht?
komăn zii hoită niht
veniți dumneavoastră azi nu
Nu veniți azi la mine?

Doch, ich komme.
doh ih komă
bada, eu vin
Bada, eu vin.

Conjuncțiile

Conjuncția leagă două părți de propoziție de același fel sau două cuvinte într-o propoziție.

und și	**sowohl … als auch …** atât … cât și …
aber dar	**oder** sau, ori
sowie precum și	**entweder … oder …** ori … ori …
denn căci	**weder … noch …** nici … nici …

Pentru propozițiile subordonate se folosesc următoarele conjuncții. Ele mută verbul la sfârșitul propoziției. Poziția verbului o vom învăța mai amănunțit în următorul capitol.

als când, pe când, în vreme ce	**als ob** ca și când, parcă
bevor înainte de, înainte ca să	**bis** până ce, până când
da întrucât	**damit** ca să, fiindcă
dass că	**falls** în caz că, dacă
indem la care, prin faptul că	**insofern** în măsura în care, dacă
nachdem după ce	**ob** dacă
obwohl deși, cu toate că	**seit** de când
seitdem de când	**sobald** de îndată ce
trotzdem deși, cu toate că	**um zu** pentru a
während în timp ce, pe când	**weil** pentru că, fiindcă, deoarece
wenn dacă, când	**wie** ca, ca și, precum

Ich bin glücklich, weil ich dich liebe.
ih bin glüklih vail ih dih liibă
eu sunt fericită pentru că eu tine iubesc
Eu sunt fericită pentru că eu te iubesc.

Seit wann weißt du das?
zait van vaist duu das
de când știi tu asta
De când știi asta?

Structura propoziției și ordinea cuvintelor

Ordinea cuvintelor în limba germană diferă mult de cea a limbii române. Următoarele reguli trebuie știute ca să putem utiliza propoziții de rezonanță naturale. O propoziție corectă este construită astfel:

(1)-subiect-(2)-obiect-adverb(timp)-adverb(loc)-adverb(mod)-negație-infinitiv/participiu-(3)

Verbul stă in poziția 1, 2 sau 3:

(1) verbul stă la începul unei întrebări
și a unei propoziții de ordin imperativ
(2) verbul stă în poziția a doua într-o propozitie principală
(3) verbul stă la sfârșitul unei propoziții secundare care începe cu o conjuncție (dacă, că, după ce, pe când, pentru că, ...)

Adjectivele, pronumele posesive și articolele hotărâte stau întotdeauna înaintea substantivului (de obicei în limba română stau după substantiv).

ein schöner Ring
ain șöönᵅ rink
un frumos inel
un inel frumos

die interessante Stadt
dii intărăsantă ștat
acest interesant oraș
orașul interesant

Ordinea inversată verb-subiect

Într-o propoziție principală verbul rămâne pe locul al doilea. Primul loc este ocupat de: subiect, adverb sau o propoziție subordonată. Și un obiect, de exemplu: **das** (aceasta) poate ocupa primul loc.

1	2 (verbul)	3	4
Ich *ih* *eu*	**fahre** *faară* *merg*	**morgen** *moᵅgăn* *mâine*	**nach Berlin.** *naah beᵅliin* *spre Berlin*
Eu o să merg mâine la Berlin.			
Morgen *moᵅgăn* *mâine*	**fahre** *faară* *merg*	**ich** *ih* *eu*	**nach Berlin.** *naah beᵅliin* *spre Berlin*
Mâine, eu o să merg la Berlin.			
Wenn es nicht regnet, *ven ăs niht reegnăt* *dacă nu plouă*	**fahre** *faară* *merg*	**ich** *ih* *eu*	**nach Berlin.** *naah beᵅliin* *spre Berlin*
Dacă nu plouă, eu o să merg la Berlin.			
Das *das* *această*	**weiß** *vais* *știu*	**ich** *ih* *eu*	**nicht.** *niht* *nu*
Eu nu știu.			

Dacă propoziția nu începe cu subiect, verbul rămâne pe poziția a doua, iar subiectul se va muta la spatele propoziției. Cuvintele în propoziție arată ca o conversie (inversiune) verb-subiect.

Ordinea corectă:	**Ich habe am Sonntag lange geschlafen.** *ih haabă am zontaak langă găşlaafăn* *eu am la duminică mult-timp dormit* Eu am dormit mult duminică.
Ordinea inversă:	**Am Sonntag habe ich lange geschlafen.** *am zontaak haabă ih langă găşlaafăn* *la duminică am eu mult-timp dormit.* Duminică, am dormit mult.

De asemenea și întrebările se formează în ordinea: verb-subiect. În propoziții cu întrebări **wer** (care), **was** (ce), **wo** (unde), **wann** (când) ... stau în fața verbului.

Kommen Sie mit in die Stadt?
komăn zii mit in dii ștat
veniți dvs. (cu) în acest oraș
Veniți cu mine în oraș?

Wo kann ich Postkarten kaufen?
voo kan ih postkaa[r]tăn kaufăn
de-unde pot eu cărți poștale cumpăra
De unde pot eu să cumpăr cărți poștale?

Verbul la sfârșitul propoziției

În propoziții secundare care încep cu conjuncții, verbul stă la sfârșitul propoziției. De exemplu **weil** (din cauză că), **wenn** (când, dacă), **nachdem** (după ce), **damit** (pentru că):

Ich freue mich, weil ich viele Freunde habe.
ih froiă mih vail ih fiilă froindă haabă
eu bucur mă, pentru-că eu mulți prieteni am
Eu mă bucur pentru că eu am mulți prieteni.

Dacă două propoziții principale sunt legate cu aceste cuvinte: **und** (și), **oder** (sau), **aber** (dar), **denn** (pentru că), propoziția principală își menține rândul de cuvinte obișnuite.

Verbul plus participiul sau infinitiv

În limba germană două verbe nu sunt legate direct cum sunt în limba română, ci infinitivul sau participiul se deplasează la sfârșitul unei propoziții. Exemple cu infinitivul **fahren** (a merge) și cu participiul **gekauft** (cumpărat):

Der Mann will ans Meer fahren.
de^a man vil ans mee^a faarăn
acest bărbat vrea în-acest mare merge
Bărbatul vrea să meargă la mare.

Der Junge hat das Buch gekauft.
de^a iungă hat das buuh găkauft
acest băiat are această carte cumpărat
Băiatul a cumpărat o carte.

Verbe separabile

De asemenea și verbele separabile au prefixul la sfârșitul propoziției, de exemplu: **anschauen** (a se uita) = **schauen** + **an,** sau **anrufen** (a suna) = **an** + **rufen.**

Der Mann schaut das Buch an.
de^a man șaut das buh an
acest bărbat se-uită această carte (pe)
Bărbatul se uită într-o carte.

Ich rufe meinen Freund an.
ih ruufă mainăn froint an
eu sun meu prieten (pe)
Eu îl sun pe prietenul meu.

Verbele cu prefixe separabile pot fi văzute în lista de cuvinte. Pe lângă forma de perfect este scrisă și forma timpului prezent ca de exemplu:

anschauen **schaut an** **hat angeschaut**	a se uita se uită s-a uitat
sich umdrehen **dreht sich um** **hat sich umgedreht**	a se întoarce se întoarce s-a întors
anrufen **ruft an** **hat angerufen**	a suna sun a sunat

Negația de verb

Negația stă după verb (în limba română stă înaintea verbului).

Ich finde den Weg nicht.
ih findă deen veek niht
eu găsesc acest drum nu
Eu nu găsesc drumul.

Sie sagt nichts.
zii zaagt nihts
ea spune nimic
Ea nu spune nimic.

Infinitivul sau participiul stă după negație.

Ich kann den Weg nicht finden.
ih kan deen veek niht findăn
eu pot acest drum nu găsi
Eu nu pot să găsesc drumul.

Sie möchte nichts sagen.
zii möhtă nihts zaagăn
ea dorește nimic spune
Ea nu dorește să spună nimic.

Numerele

Cifrele de la 13 la 19 sunt compuse din **zehn** (zeci) precedate de un număr de unitate. Cifrele de la 21 până la 99 se citesc de la sfârșit la începutul cifrei. Numerele peste 100 sunt compuse din sute și zecimale.

Numeralul cardinal			
0	**null**	10	**zehn**
1	**eins**	11	**elf**
2	**zwei**	12	**zwölf**
3	**drei**	13	**dreizehn**
4	**vier**	14	**vierzehn**
5	**fünf**	15	**fünfzehn**
6	**sechs**	16	**sechzehn**
7	**sieben**	17	**siebzehn**
8	**acht**	18	**achtzehn**
9	**neun**	19	**neunzehn**

20	**zwanzig**	„douăzeci“
21	**einundzwanzig**	„unu și douăzeci“
22	**zweiundzwanzig**	„doi și douăzeci“

30	**dreißig**	101	**hunderteins**
40	**vierzig**	110	**hundertzehn**
50	**fünfzig**	200	**zweihundert**
60	**sechzig**	300	**dreihundert**
70	**siebzig**	1.000	**eintausend**
80	**achtzig**	2.000	**zweitausend**
90	**neunzig**	1.000.000	**eine Million**
100	**hundert**	2.000.000	**zwei Millionen**

Numeralele ordinale

Numerelele ordinale exprimă ordinea sau locul pe care îl ocupă obiectele într-un grup, într-o serie sau într-o înșiruire. Numeralul ordinal este precedat de articol și urmează regulile declinării adjectivului. Numeralele ordinale până la 19 se formează din numeralul cardinal + **-te: erste, zweite, neunte.** Numerele ordinale de la 20 se formează din numeralul cardinal + **-ste: zwanzigste, hundertste, tausendste.**

1.	**der / die / das erste**	prima
2.	**der / die / das zweite**	a doua
3.	**der / die / das dritte ...**	a treia

der zweite Stock	etajul al doilea
der elfte Platz	locul al unsprezecelea
der fünfte Wagen	mașina a cincea

Bani și Prețuri

Prețurile se vor citi cu virgulă după cum urmează:

€ 5,00 € **fünf Euro**	€ 0,50 € **fünfzig Cent**
€ 5,90 € **fünf Euro neunzig**	€ 2,50 € **zwei Euro fünfzig**

Wieviel kostet das?
viifiil kostăt das
cât costă asta
Cât costă asta?

Das kostet zehn Euro.
das kostăt tseen oiro
asta costă zece Euro
Costă 10 Euro.

Ora, Data, Timpul

In Germania se pune foarte mare preț pe punctualitate.

Wie spät ist es?
vii șpeet ist ăs
cum târziu este asta
Cât este ceasul?

Es ist ...
ăs ist
este
Este ...

drei Uhr *drai uu*[a]	ora trei
viertel nach drei *fi*[a]*tăl naah drai*	trei și un sfert
halb vier *halp fii*[a]	trei jumătate
viertel vor vier *fi*[a]*tăl foo*[a] *fii*[a]	patru fără un sfert

Atenție: **halb sechs** înseamnă și ora 5.30 sau ora 17.30.

Ora

Pentru a specifica ora se folosește cuvântul „es ist" (este). În limbajul de zi cu zi se folosește sistemul de 12 ore. Pentru informații oficiale se folosește sistemul de 24 de ore.

Wie spät ist es?
vii șpeet ist ăs
cât târziu este asta
Cât este ceasul?

Es ist ein Uhr.
ăs ist ain uu[a]
este unu ora
Este ora unu.

Um wieviel Uhr?
um viifiil uu[a]
la ce ora
La ce oră?

Um fünf Uhr.
um fümf uu[a]
la cinci ora
La ora cinci.

limbajul de zi cu zi / limbajul oficial

Es ist ... Este ...		
17.00 Uhr	**fünf Uhr / siebzehn Uhr**	ora cinci / ora șaptesprezece
17.15 Uhr	**viertel nach fünf / siebzehn Uhr fünfzehn**	ora cinci și un sfert / ora șaptesprezece și 15 min.
17.30 Uhr	**halb sechs / siebzehn Uhr dreißig**	ora cinci jumătate / ora șaptesprezece și 30 de minute.
17.45 Uhr	**viertel vor sechs / siebzehn Uhr fünfundvierzig**	ora șase fără un sfert / ora șaptesprezece și 45 de minute
17.10 Uhr	**zehn nach fünf/ siebzehn Uhr zehn**	ora cinci și zece minute / ora șaptesprezece și zece minute

17.50 Uhr	**zehn vor sechs /** **siebzehn Uhr fünfzig**	ora cinci și cinzeci de minute / ora șaptesprezece și cinzeci de minute

Wie lange dauert ...?
vii langă dau[a]t ...
cum mult-timp durează
Cât durează ...?

Ich bin um ... Uhr wieder da.
ih bin um ... uu[a] viid[a] daa
eu sunt la ... oră înapoi acolo
Mă întorc la ora ... .

Ich reise morge ab.
ih raiză mo[a]găn ap
eu plec mâine (din)
Plec mâine.

Ich komme in einer halben Stunde.
ih komă in ain[a] halbăn ștundă
eu vin în o jumătate oră
Eu vin într-o jumătate de oră.

In einer Viertelstunde bin ich bei dir.
in ain[a] fi[a]tăl-ștundă bin ih bai di[a]
într-un sfert-oră sunt eu la tine
Într-un sfert de oră ajung la tine.

Wir treffen uns um fünf vor zwei.
vi[a] trefăn uns um fümf fo[a] tsvai
noi întâlnim ne la cinci înainte două
Ne întâlnim la două fără cinci minute.

Abend, der, -e	seară
früh	devreme
heute	astăzi
jährlich	anual
jetzt	acum
monatlich	lunar
Morgen, der, =	dimineață

Mittag, der, -e	amiază
Nachmittag, der, -e	după amiază
Sekunde, die, -n	secundă
sofort	imediat
Stunde, die, -n	oră
vorgestern	alaltăieri
Uhr, die, -en	ceas
Woche, die, -n	săptămână
wöchentlich	săptămânal
bald	curând
gestern	ieri
Jahr, das, -e	an calendaristic
jeden Tag	zilnic
Monat, der, -e	lună
morgen	mâine
Minute, die, -n	minut
Mitternacht, die	miezul nopții
pünktlich	la timp, punctual
Semester, das, =	semestru
später	mai târziu
Tag, der, -e	zi
vormittags	dimineața
Werktag, der, -e	zi lucrătoare
Wochenende, das, -n	weekend
übermorgen	poimâine

Zilele săptămânii	
Montag luni	**Freitag** vineri
Dienstag marți	**Samstag** sâmbătă
Mittwoch miercuri	**Sonntag** duminică
Donnerstag joi	**Feiertag** vacanță

Anotimpurile	
Frühling primăvara	**Herbst** toamna
Sommer vara	**Winter** iarna

Lunile anului	
Januar ianuarie	**Juli** iulie
Februar februarie	**August** august
März martie	**September** septembrie
April aprilie	**Oktomber** octombrie
Mai mai	**November** noiembrie
Juni iunie	**Dezember** decembrie

Data

der 26. Mai *(sechs-und-zwanzig-ste)*	26 Mai
der 16. Dezember *(sech-zehn-te)*	16 Decembrie
der 7. August *(sieb-te) / (sie-ben-te)*	7 August

Welches Datum haben wir heute?
velhăs daatum haabăn vi[a] hoită
care dată avem noi astăzi
În ce dată suntem astăzi?

Den 5. (fünften) August.
deen fümftăn august
acest cinci august
Astăzi suntem în cinci august.

vorbesc germana

Comunicarea de bază este cea care o foloşeste şi o vorbeşte lumea în viaţa de zi cu zi.

Kauderwelsch înseamnă: comunicare rapida, chiar dacă nu se vorbeşte întotdeauna corect.

Dacă investiţi puţin timp, învăţaţi câteva cuvinte şi le folosiţi în ţara respectivă vi se vor deschide uşi, veţi obţine un zâmbet pe buze şi veţi avea multe experienţe.

Cuvinte mai importante

Aici veți găsi cele mai importante propoziții pentru o conversație.

Guten Tag. *guutăn taak*	Bună ziua.
Auf Wiedersehen. *auf viidᵃzeen*	La revedere.
Danke. *dankă*	Mulțumesc.
Bitte. *bită*	Poftim.

Wo ist ... ? *voo ist* Unde este ... ?

La întrebarea de mai sus se pot atașa următoarele:

eine Apotheke *aină apoteekă*	o farmacie
ein Arzt *ain aaʳtst*	un medic
ein Hotel *ain hotel*	un hotel
ein Restaurant *ain restorant*	un restaurant
ein Supermarkt *ein zuupᵃmaaʳkt*	o alimentară
eine Tankstelle *aină tankștelă*	o stație de benzină

eine Werkstatt *ainǎ ve^{a}kștat*	un atelier
der Bahnhof *de^a baanhoof*	gara
die Botschaft *dii bootșaft*	ambasada
der Flughafen *de^a flukhaafǎn*	aeroportul
die Kasse *dii kasǎ*	casa
das Krankenhaus *das krankǎnhaus*	spitalul
der Markt *de^a maa^{r}kt*	piața
die Polizei *dii politsai*	poliția
die Post *dii post*	poșta
die Toilette *dii toaletǎ*	toaleta

Și se pot primi următoarele răspunsuri:

an der Ampel *an de^a ampǎl*	la semafor
an der Ecke *an de^a ekǎ*	la colț
an der Kreuzung *an de^a kroitsunk*	intersecție
da, dort *daa, doǎt*	acolo
gegenüber *gheegǎn-üüb^a*	vizavi
geradeaus *graadǎ-aus*	drept înainte
links *links*	la stânga
hier *hii^a*	aici
nah, in der Nähe *naa, in de^a neeǎ*	aproape
rechts *rehts*	la dreapta
weit weg *vait vek*	departe
zurück *tsurük*	înapoi

Das weiß ich nicht.
das vais ih niht
asta știu eu nu
Nu știu.

Wie bitte?
vii bitǎ
cum poftim
Cum?

Ich habe Sie nicht verstanden.
ih haabă zii niht fe^{a}ștandăn
eu am dvs. nu înțeles
Eu nu v-am înțeles.

Ich möchte ...
ih möhtă ...
Eu doresc ...

Haben Sie ... ?
haabăn zii ...
Aveți dumneavoastră ... ?

ein Brot *ain broot*	o pâine
vier Brötchen *fii^{a} brööthăn*	patru chifle
eine Fahrkarte *aină faa^{r}kaa^{r}tă*	un bilet
ein Glas Wasser *ain glaas vas^{a}*	un pahar cu apă
ein kaltes Bier *ain kaltăs bii^{a}*	o bere rece
eine Postkarte *aină postkaa^{r}tă*	o carte poștală
die Rechnung *dii rehnunk*	nota de plată
zehn Briefmarken *tseen briifmaa^{r}kăn*	zece timbre poștale
ein Zimmer *ain tsim^{a}*	o cameră

Ca răspuns avem următoarele:

Ja.
iaa
da
Da.

Das haben wir.
das haabăn vi^{a}
aceasta avem noi
Avem.

Nein, haben wir leider nicht.
nain haabăn vi^{a} laid^{a} niht
Nu, avem noi din-păcate nu
Nu, din păcate nu avem.

Was kostet ... ?
vas kostăt ...
Cât costă ... ?

Was kostet ein Brot?
vas kostăt ain broot
cât costă o pâine
Cât costă o pâine?

Was kostet eine Flasche Wasser?
vas kostăt aină flașă vas[a]
ce costă o sticlă apă
Cât costă o sticlă de apă?

În următoarele exemple puteți să folosiți toate substantivele.

Was kostet das?
vas kostăt das
cât costă aceasta
Cât costă asta?

Răspuns posibil:

Das kostet ... Euro.
das kostăt ... oiro
aceasta costă ... Euro
Asta costă ... Euro.

Numerele de la șapte se găsesc la capitolul „Numerele“.

Nu ați înțeles nimic?

Wie heißt das auf Deutsch?
vii haist das auf doitș
cum numește asta pe germană
Cum se spune asta pe limba germană?

Wie heißt „frumos" auf Deutsch?
vii haist „frumos" auf doitș
cum numește „frumos" pe germană
Cum se spune „frumos" pe germană?

El apoi va răspunde **„schön"**. Dacă nu înțelegeți corect sau de loc ce spune apelantul se poate întreba astfel:

Ich verstehe Sie nicht.
ih fa[r]șteeă zii niht
eu înțeleg dvs. nu
Nu vă înțeleg.

Ich lerne noch Deutsch.
ih lea[r]nă noh doitș
eu învăț încă germană
Eu încă învăț limba germană.

Ich kann nur ein bisschen Deutsch.
ih kan nua[r] ain bis-hăn doitș
eu pot numai un puțin limba germană
Eu vorbesc numai puțin limba germană.

Können Sie das bitte nochmal sagen?
könăn zii das bită nohmal zaagăn
puteți dvs. aceasta va-rog încă-dată spune
Puteți să repetați încă o dată, vă rog?

Bitte sprechen Sie langsamer.
bită șprehăn zii langzaam[a]
va-rog vorbiți dvs. mai-încet
Vă rog să vorbiți mai rar.

Schreiben Sie mir das bitte auf.
șraibăn zii mi[a] das bită auf
scrieți dvs. îmi aceasta va-rog (pe)
Vă rog să-mi scrieți aceasta.

În cazul în care conversația nu funcționează deloc putem să întrebăm:

Können Sie Englisch?
könăn zii engliș
puteți dvs. engleza
Vorbiți engleza?

Raspunsuri posibile:

Ja.	**Nein.**	**Ein bisschen.**	**Etwas.**
iaa	*nain*	*ain bis-hăn*	*etvas*
da	*nu*	*puțin*	*puțin*
Da.	Nu.	Puțin.	Puțin.

Ich kann nur Deutsch.
ih kan nuaʳ doitș
eu pot numai germana
Nu vorbesc decât limba germană.

Ich kann nur Rumänisch.
ih kan nuaʳ rumeeniș
eu pot numai românește
Nu vorbesc decât limba română.

Comportamentul pe scurt

În Germania adresarea pentru persoanele necunoscute se face cu **Sie** (Dumneavoastră). Pentru persoanele tinere, cunoscute se folosește adresarea cu **du** (tu). Dacă cineva îți permite să i te adresezi cu **du** înseamnă că te va considera ca un prieten. Prietenii apropiați când se întâlnesc se îmbrățișează.

Dacă ești invitat la cineva acasă nu trebuie să uiți să te prezinți cu un buchet de flori sau cu o sticlă de vin. De asemenea nu trebuie să uiți să lauzi mâncarea și băutura cu care ai fost servit.

La un semafor care este pe culoarea roșie se așteaptă. În multe orașe sunt semafoare cu camere de filmat automate. Dacă conduci cu mașina pe culoarea roșie sau cu viteză mai mare decât este permis ți se va face o fotografie și vei primi amendă acasă. Aceste amenzi sunt foarte scumpe și sunt valabile și pentru mașinile din străinătate.

Când te duci cu cineva în oraș să servești masa, de obicei fiecare își achită nota de plată. Excepție este doar atunci când ești invitat.

În Germania prețurile nu se rotunjesc. Se plătește și se dă restul până la ultimul cent.

La orice instituție este obligatoriu să se păstreze distanța de discreție de aproximativ 2 metri față de persoana din față. De obicei această distanță este marcată.

Punctualitatea este foarte apreciată și respectată în Germania.

Întâlnire, Despărțire

La întâlnire și la despărțire un bărbat nu sărută mâna unei doamne. În schimb se salută cu strângere de mână între un bărbat și o femeie sau între două femei.

Formule de salut

Hallo. *halo*	Salut.
Guten Morgen. *guutăn mo^a^găn*	Bună dimineața.
Guten Tag. *guutăn taak*	Bună ziua.
Guten Abend. *guutăn aabănt*	Bună seara.

În sudul Germaniei se salută cu:

Grüß Gott!	**Grüß dich!**
grüs got	*grüs dih*
salută Dumnezeu	*salută tine*
Fie ca Domnul să vă binecuvânteze!	Salut!

Formule de despărțire & de rămas bun

Auf Wiedersehen. *auf viid^a^zeen*	La revedere.
Bis bald. *bis balt*	Ne vedem mai încolo / în curând.
Bis morgen. *bis mo^a^găn*	Ne vedem mâine.
Bis nächste Woche. *bis neehstă vohă*	Ne vedem săptămâna viitoare.
Bis später. *bis șpeet^a^*	Ne vedem mai târziu.
Gute Nacht. *guută naht*	Noapte bună.

Gute Reise. *guută raiză*	Călătorie plăcută.
Mach's gut. *mahs guut*	Rămâi cu bine.
Pass auf dich auf! *pas auf dih auf*	Ai grijă de tine.
Tschüß. / Tschau. *tșüs / tșau*	Salut. / Pa.
War nett. / Schön war's. *vaar net / șöön vaars*	A fost frumos.

Formule de adresare

Adresarea cu **Sie** (dumnevoastră) se folosește pentru oamenii necunoscuți sau pentru oameni în vârstă. Acest **Sie** (dumneavoastră) este valabil pentru una sau mai multe persoane. Titlu de **Dr., Prof., Sc.,** aparține de nume de acea persoanele se vor adresa împreună cu titlu dat. De exemplu: **Frau Dr. Maier.** Adresarea cu **du** (tu) se folosește pentru persoanele tinere, cunoștințe sau numai pentru o persoană.

du	tu
ihr	voi
Sie	dumneavoastră

Dacă numele se cunoaște acesta se va folosi din politețe. De exemplu:

Herr Meier	domnul Meier
Frau Schmidt	doamna Schmidt

Fișă personală

Pe orice formular se scrie întâi prenumele și apoi numele de familie. Și pe același principiu se face și semnătura proprie.

Adresă cu „Sie":

Wie heißen Sie?
vii haisăn zii
cum numiți dvs.
Cum vă cheamă?

Adresă cu „du":

Wie heißt du?
vii haist duu
cum numești tu
Care este numele tău?

Răspuns posibil:

Ich heiße ...
ih haisă ...
eu numesc ...
Mă numesc ...

Das ist ...
das ist ...
asta este ...
Aceasta este ...

Darf ich Ihnen ... vorstellen?
daa^r^f ih iinăn ... fo^a^-ștelăn
pot eu vă ... prezenta
Îmi dați voie să vă prezint pe ...

Das ist meine Freundin.
das ist maine froindin
aceasta este mea prietenă
Aceasta este prietena mea.

Das ist mein Freund.
das ist main froint
asta este meu prieten
Acesta este prietenul meu.

Proveniența / Originea

Adresă cu „Sie":

Aus welchem Land kommen Sie?
aus velhăm lant komăn zii
din ce țară veniți dvs.
Din ce țară sunteți dvs.?

Adresă cu „du":

Woher kommst du?
voohe[a] komst duu
de unde vii tu
De unde ești?

Raspunsuri posibile:

Ich komme aus ...
ih komă aus ...
eu vin din ...
Eu sunt din ...

Ich bin aus ...
ih bin aus ...
eu sunt din ...
Eu sunt din ...

... **Rumänien** *rumeeniăn*	România
... **Deutschland** *doitșlant*	Germania
... **den Niederlanden** *deen niid[a]landăn*	Olanda
... **Italien** *itaaliăn*	Italia
... **Österreich** *ööstăraih*	Austria
... **der Schweiz** *șvaits*	Elveția

... **Arad** *araat*	Arad
... **Bukarest** *buukarest*	București
... **Iași** *iași*	Iași
... **Temeschwar** *temeșvaa[r]*	Timișoara

Sie können aber gut Deutsch!
zii könăn aab^{a} guut doiț
dvs. vorbiți dar bine germana
Dumneavoastră vorbiți bine limba germană!

Du kannst aber gut Deutsch!
duu kanst aab^{a} guut doiț
tu știi dar bine germana
Dar tu vorbești bine limba germană!

Nein, ich kann nur ein bisschen Deutsch.
nain, ih kan nuu^{a} ain bis-hăn doiț
nu, eu știu doar un puțin germana
Nu, eu vorbesc doar puțin limba germană.

Ich habe deutsche Vorfahren.
ih haabă doițșă foo^{a}faarăn
eu am germani strămoși
Eu am strămoși de origine germană.

Mein Opa ist aus Deutschland.
main oopa ist aus doițlant
meu bunic este din Germania
Bunicul meu este din Germania.

Emoții

Adresă cu „Sie":
Wie geht es Ihnen?
vii gheet ăs iinăn
cum merge asta vă
Ce mai faceți?

Adresă cu „du":
Wie geht es dir?
vii gheet ăs di^{a}
cum merge asta îți
Ce mai faci?

Raspunsuri posibile:

Danke, gut.	**Sehr gut!**
dankă guut	*zee^{a} guut*
mulțumesc, bine	*foarte bine*
Mulțumesc, bine.	Excelent!
Nicht sehr gut.	**Es geht.**
niht zee^{a} guut	*ăs gheet*
nu foarte bine	*asta merge*
Nu prea bine.	Merge.

!
Ich bin ...
ih bin ...
eu sunt ...
Eu sunt ...

!
Du bist ...
duu bist ...
tu ești ...
Tu ești ...

?
Bist du ... ?
bist duu ...
ești tu ...
Ești ... ?

... **begeistert** încântat	... **besorgt** îngrijorat
... **erschrocken** speriat	... **aufgeregt** emoționat
... **glücklich** fericit	... **gelangweilt** plictisit
... **nervös** nervos	... **niedergeschlagen** depresiv
... **schüchtern** timid	... **selbstsicher** sigur pe tine
... **stolz** mândru	... **traurig** trist
... **verlegen** jenat	... **verärgert** supărat
... **verwirrt** confuz	... **überrascht** mirat, uimit
... **froh** bucuros, fericit	... **nett** drăguț, amabil

Adjectivele din lista de mai sus sunt folosite în limba germană fără diferență între genul feminin și masculin, de exemplu: **du bist traurig** = „tu ești trist“ sau „tu ești tristă“.

Șederea în Germania

Sind Sie schon lange in Deutschland?
zint zii șoon langă in doitșlant
sunteți dvs. deja mult-timp în Germania
Sunteți de mult timp în Germania?

Bist du schon lange in Deutschland?
bist duu șoon langă in doitșlant
ești tu deja mult-timp în Germania
Ești de mult timp în Germania?

Ich bin seit ... in Deutschland.
ih bin sait ... in doitșlant
eu sunt de ... în Germania
Sunt de ... în Germania.

... **zwei Wochen** *tsvai vohăn*	două săptămâni
... **drei Monaten** *drai moonatăn*	trei luni
... **einem Jahr** *ainăm iaa'*	un an

Wie lange bleiben Sie in Deutschland?
vii langă blaibăn zii in doitșlant
cât mult-timp rămâne dvs. în Germania
Cât timp mai rămâneți în Germania?

Bleibst du noch lange in Deutschland?
blaipst duu noh langă in doitșland
stai tu mai mult-timp în Germania
Rămâi mai mult timp în Germania?

Ich habe vor, hier ... zu bleiben.
ih haabă fooª hiiª ... tsuu blaibăn
eu am înainte, aici ... a rămâne
Am de gând să rămân aici ...

... **eine Woche** *aină vohă*	o săptămână
... **einen Monat** *ainăn moonat*	o lună
... **ein halbes Jahr** *ain halbăs iaaʳ*	o jumătate de an

Adresă cu „Sie":

Wo wohnen Sie?
voo voonăn zii
unde locuiți dvs.
Unde locuiți dumneavoastră?

Adresă cu „du":

Wo wohnst du?
voo voonst duu
unde locuiești tu
Unde locuiești?

Răspuns posibil:

Ich wohne zur Zeit ...
ih voonă tsuª tsait ...
eu locuiesc la timp ...
Momentan locuiesc ...

... **bei Freunden** *bai froindăn*	la prieteni
... **bei Verwandten** *bai feªvantăn*	la rude
... **bei meiner Schwester** *bai mainª șvestª*	la sora mea
... **bei meinem Bruder** *bei mainăm bruudª*	la fratele meu
... **in einem Hotel** *in ainăm hotel*	într-un hotel
... **in einer Pension** *in ainª panzioon*	într-o pensiune

Rugăminți/Plăceri

Adresă cu „Sie":

Gefällt es Ihnen hier?
găfelt ăs iinăn hiiª
place asta vă aici
Vă place aici?

Adresă cu „du":

Gefällt es dir hier?
găfelt ăs diª hiiª
place asta îți aici
Îți place aici?

Raspunsuri posibile:

Ja, es gefällt mir.
iaa ăs găfelt miª
da, asta place îmi
Da, îmi place.

Nein, mir gefällt nicht alles.
nain miª găfelt niht alăs
nu, îmi place nu totul
Nu, nu-mi place totul.

Mögen Sie ... ?
möögăn zii ...
place dvs. ...
Vă place ... ?

Magst du ... ?
maakst duu ...
place tu ...
Îți place ... ?

Am meisten mag ich ...
am maistăn maak ih ...
cel mai-mult iubesc eu ...
Cel mai mult îmi place ...

... **die Stadt** *dii ștat*	orașul
... **die Natur** *dii natuur*	natura
... **die Leute** *dii loită*	oamenii
... **das Land** *das lant*	țara
... **das deutsche Essen** *das doitșă esăn*	mâncarea germană
... **das deutsche Bier** *das doitșă biiª*	berea germană

Mögen Sie lieber ... ?
möögăn zii liib[a] ...
place dvs. mai-mult ...
Preferați ... ?

Magst du lieber ... ?
maakst duu liib[a] ...
place tu mai-mult ...
Preferi ... ?

... Weißbrot oder Körnerbrot?
... vaisbroot ood[a] kö[a]n[a]broot
... pâine-albă sau pâine-cu-cereale?
... pâine albă sau pâine cu cereale?

... Ei oder Butter?
... ai ood[a] but[a]
... ou sau unt?
... ou sau unt?

... Tee oder Kaffee?
... tee ood[a] kafee
... ceai sau cafea
... ceai sau cafea?

Ich mag lieber Tee.
ih maak liib[a] tee
eu place mai-mult ceai
Prefer mai mult ceai.

Vârsta

Nu sunt bine primite întrebările privind vârsta și veniturile bănești. Durata de viață a oamenilor este mai lungă dar și ieșirea la pensie este mai târzie.

Wie alt sind Sie?
vii alt zint zii
cât bătrân sunteți dvs.
Câți ani aveți?

Wie alt bist du?
vii alt bist duu
cât bătrân ești tu
Câți ani ai?

Ich bin ... Jahre alt.
ih bin ... iaară alt
eu sunt ... ani bătrân
Am ... de ani.

Und Sie?
unt zii
și dumnoavoastră
Și dumneavoastră?

Und du?
unt duu
și tu
Și tu?

Numerele se găsesc (in capitolul „Numerele“).

Familia

Multe perechi trăiesc împreună în concubinaj ani de zile chiar dacă au copii. În schimb oamenii în vârstă nu locuiesc sub același acoperiș cu copii lor majori, dar aceasta nu este o regulă obligatorie.

Adresă cu „Sie“:

Sind Sie verheiratet?
zint zii f^ahairatăt
sunteți dvs. căsătorit
Sunteți căsătorit(ă)?

Adresă cu „du“:

Bist du verheiratet?
bist duu f^ahairatăt
ești tu căsătorit
Tu ești căsătorit(ă)?

Raspunsuri posibile:

Ja, bin ich.
iaa bin ih
da, sunt eu
Da, eu sunt.

Nein, bin ich nicht.
nain bin ih niht
nu, sunt eu nu
Nu, nu sunt.

Adresă cu „Sie":

Haben Sie Kinder?
haabăn zii kind[a]
aveți dvs. copii
Aveți copii?

Adresă cu „du":

Hast du Kinder?
hast duu kind[a]
ai tu copii
Ai copii?

Raspunsuri posibile:

Ja, ich habe einen Jungen und ein Mädchen.
iaa ih haabă ainăn iungăn unt ain meet-hăn
da, eu am un băiat și o fată
Da, am un băiat și o fată.

Nein, ich habe noch keine Kinder.
nain ih haabă noh kaină kind[a]
nu, eu am încă nu copii
Nu, încă nu am copii.

der Bruder, Brüder	frate
der Enkel, =	nepot *(fiul fiului/fiicei)*
die Enkelin, -nen	nepoată *(fiica fiului/fiicei)*
die Exfrau, -en	fosta soție
der Exmann, -männer	fostul soț
die Frau, -en	femeie
der Junge, -n	băiat
der Lebensgefährte, -n	concubin (-ă)
der Mann, Männer	bărbat
das Mädchen, =	fată
die Mutter, Mütter	mamă
der Neffe, -n	nepot *(fiu de unchi / de mătușă)*
die Nichte, -n	nepoată *(fiică de unchi / de mătușă)*

die Oma, -s	bunică
der Onkel, =	unchi
der Opa, -s	bunic
der Schwager, =	cumnat
die Schwägerin, -nen	cumnată
die Schwester, -n	soră
die Schwiegermutter, -mütter	soacră
der Schwiegervater, -väter	socru
der Sohn, Söhne	fiu
die Stiefmutter, mütter	mamă vitregă
der Stiefsohn, -söhne	fiu vitreg
die Stieftochter, -töchter	soră vitregă
der Stiefvater, -väter	tată vitreg
die Tante, -n	mătușă
die Tochter, Töchter	fiică
die Uroma, -s	străbunică
der Uropa, -s	străbunic
der Vater, Väter	tată
der/die Verlobte, -n	logodnic (-ă)
die Zwilinge *(pl)*	gemeni

Profesii și studii

Organizarea învățământului este foarte bine planificată. Nu există licee cu profil. Notele sunt de la 1 la 6. Cea mai bună notă este 1.

Was sind Sie von Beruf?
vas zint zii fon băruuf
ce sunteți dvs. de profesie
Ce profesie aveți?

Was machst du beruflich?
vas mahst duu băruuflih
ce faci tu profesional
Ce profesie ai?

Ich mache eine Ausbildung als ...

ih mahe aină ausbildunk als ...

eu fac o pregătire ca ...

Eu fac o pregătire profesională ca ...

Ich bin ...

ih bin ...

eu sunt ...

Eu sunt ...

Cele mai multe denumiri de meserii care au la sfârșitul cuvântului **-in** sunt de genul feminin.

Techniker tehnician	**Technikerin** tehniciană
Student student	**Studentin** studentă

der Angestellte, -n; die Angestellte, -n	angajat; angajată
der Arbeiter, =; die Arbeiterin, -nen	muncitor; muncitoare
arbeitslos	șomer
der Arzt, Ärzte; die Ärztin, -nen	medic; doctoriță
der Automechaniker, =	mecanic auto
der Beamte, -n; die Beamtin, -nen	funcționar; funcționară
der Bürokaufmann, -kaufleute	funcționar de birou
die Bürokauffrau, -kaufleute	funcționară de birou
der Elektriker, =	electrician
der Friseur, -e	frizer
die Friseurin, -nen	coafeză

der Ingenieur, -e	inginer
der Krankenpfleger, =	asistent medical
die Krankenschwester, -n	asistentă medicală
der Landwirt, -e	agricultor
die Sekretärin, -nen	secretară
der Student, -en; die Studentin, -nen	student; studentă
der Techniker, =; die Technikerin	tehnician; tehniciană
der Verkäufer, =; die Verkäuferin, -nen	vânzător; vânzătoare

Adresă cu „Sie":

Was studieren Sie?
vas ștudiirăn zii
ce studiați dvs.
Ce studiați dvs.?

Adresă cu „du":

Was studierst du?
vas ștudiiᵃst duu
ce studiezi tu
Ce studiezi?

Răspuns posibil:

Ich studiere ...
ih ștudiiră ...
eu studiez ...
Eu studiez ...

În afară de profesiile: **Lehramt** (n, cadre didactice), **Maschinenbau** (n, inginerie) și **Sport** (m, sport), aproape toate profesiile sunt de genul feminin.

Architektur	arhitectură
Betriebswirtschaft (BWL)	economie
Biologie	biologie

Chemie	chimie
Elektrotechnik	electrotehnică
Germanistik	limba germană
Geschichte	istorie
Informatik	informatică
Kunst	artă
Lehramt	învățământ
Medizin	medicină
Musik	muzică
Pharmazie	farmacie
Philosophie	filozofie
Physik	fizică
Sport	sport
Sprachen (pl)	limbi străine
Wissenschaft	știință

Ich habe in Rumänien studiert.
ih haabă in rumeeniăn ștudii[a]t
eu am în România studiat
Eu am studiat în România.

Mein rumänisches Diplom ist hier (nicht) anerkannt worden.
main rumeenișăs diploom ist hii[a] (niht) an-e[a]kant vo[a]dăn
mea română diploma este aici (nu) recunoscut fost
Diploma mea din România (nu) este recunoscută aici.

Hobbiuri / Timpul liber

Was machst du in deiner Freizeit?
vas mahst duu in dain[a] fraitsait
ce faci tu în tău liber timp
Ce faci în timpul tău liber?

Ich lese gerne.	**Ich fahre Fahrrad.**
ih leeză gheªnă	*ih faară faarat*
eu citesc plăcere	*eu merg bicicletă*
Îmi place să citesc.	Eu ma duc cu bicicletă.

ausruhen (sich), entspannen (sich)	a se odihni
häkeln, häkelt, hat gehäkelt	a croșeta
lesen, liest, hat gelesen	a citi
das Buch, Bücher	carte
die Zeitung, -en	ziar
die Zeitschrift, -en	revistă
malen, malt, hat gemalt	a desena, a picta
nähen, näht, hat genäht	a coase
radfahren / das Radfahren	a merge cu bicicletă / ciclism
das Fahrrad, -räder	bicicletă
reiten / das Reiten	a călări / echitație
Schlittschuh laufen	patinoar
Rollschuh laufen (Inliner fahren)	patinaj cu rotile
schwimmen, schwamm, ist geschwommen	a înota
singen, singt, hat gesungen	a cânta
stricken, strickt, hat gestrickt	a tricota
stopfen (Strümpfe), stopft, hat gestopft	a cârpi, a petici
tanzen, tanzt, hat getanzt	dans
unterhalten (sich)	a se distra
wandern, wandert, ist gewandert	a călători (pe jos)
die Wanderung, -en	călătorie (pe jos)

Ich gehe gerne ins ...
ih gheeă gheᵃnă ins ...
eu merg plăcere în ...
Îmi place mult să merg la ...

Ich gehe gerne zum ...
ih gheeă gheᵃnă tsum ...
eu merg plăcere la ...
Îmi place mult să merg la ...

Hast du Lust, ins Schwimmbad zu gehen?
hast duu lust ins șvimbaat tsuu gheeăn
ai tu chef in aceasta piscină a merge
Ai vrea să mergi la piscină?

der Ausflug, Ausflüge	excursie
die Ausstellung, -en	expoziție
die Bücherei, -en	bibliotecă
die Eisdiele, -n	gelaterie
die Erholung, -en	odihnă
das Freibad, -bäder	bazin de înot
das Kino, -s	cinema
das Konzert, -e	concert
das Museum, Museen	muzeu
das Restaurant, -s	restaurant
die Sauna, -s	saună
das Schwimmbad, -bäder	bazin de înot acoperit
das Spiel, -e	joc
der Spielplatz, -plätze	parc de joacă
der Spaß, Späße	distracție
der Strand, Strände	plajă
das Theater, =	teatru
der Tierpark, =	grădina zoologică
der Urlaub, -e	concediu
der Zirkus, -	circ
der Zoo, -s	grădină zoologică

Prima Conversație

În pasajul următor vă arătăm cum poate decurge prima conversație între două persoane.

!

Hallo, ich heiße Julian.
halo ih haisă iuulian
bună, eu numesc Julian
Bună, mă numesc Julian.

?

Wie heißt du?
vii haist duu
cum numești tu
Cum te cheamă pe tine?

Răspuns posibil:

Ich heiße Bias.
ih haisă bias
eu numesc Bias
Mă numesc Bias.

?

Woher kommst du?
voohe[a] komst duu
de unde vii tu
De unde ești tu?

Răspuns posibil:

Ich komme aus Rumänien.
ih komă aus rumeeniăn
eu vin din România
Eu vin din România.

?

Aus welcher Stadt?
aus velh[a] ștat
din ce oraș
Din ce oraș?

Răspuns posibil:

Aus Bukarest.
aus buukarest
din București
Din București.

Aha, ich bin aus Berlin.
aha ih bin aus be^{a}liin
ah, eu sunt din Berlin
Aha, eu sunt din Berlin.

Wo wohnst du?
voo voonst duu
unde locuiești tu
Unde locuiești?

Ich wohne bei Freunden in der Nähe von Düsseldorf.
ih voonă bai froindăn in de^{a} neeă fon düsăldo^{a}f
eu locuiesc la prieteni în aceasta apropiere de Düsseldorf
Eu locuiesc la prieteni în apropiere de Düsseldorf.

Bist du schon lange in Deutschland?
bist duu șoon langă in doitșlant
ești tu deja mult-timp în Germania
Ești de mult timp în Germania?

Nein, erst seit einem Monat.
nain e^{a}st sait ainăm moonat
nu, abia de o lună
Nu, doar de o lună.

Gefällt es dir hier?
găfelt ăs di^{a} hii^{a}
place asta îți aici
Îți place aici?

Ja, sehr gut, aber das Wetter ist ziemlich kalt.
iaa zee^{a} guut aab^{a} das vet^{a} ist tsiimlih kalt
da, foarte bine, dar acest vreme este destul-de rece
Da, foarte frumos, dar vremea este foarte răcoroasă.

Was machst du, arbeitest du?
vas mahst duu aa^{r}baităst duu
ce faci tu, lucrezi tu
Ce faci, lucrezi?

Nein, ich studiere noch.
nain ih ștudiiră noh
nu, eu studiez încă
Nu, eu încă studiez.

Interessant, welches Fach?
intăresant velhăs fah
interesant, ce materie
Interesant, ce studiezi?

Ich studiere Informatik in Dortmund.
ih ștudiiră info^{a}maatik in do^{a}tmunt
eu studiez informatica în Dortmund
Eu studiez informatica în Dortmund.

Gibst du mir deine Handynummer?
ghiipst duu mi^{a} daină hendinum^{a}
dai tu îmi tău celular număr
Îmi dai numărul tău de celular?

Ja, bitte ...
iaa bită
da, poftim
Da, poftim ...

Ich muss jetzt gehen.
ih mus ietst gheeăn
eu trebuie acum merge
Eu trebuie să plec acum.

Alles Gute (für dich).
alăs guută (fü^{a} dih)
toate bune (pentru tine)
Toate cele bune (pentru tine).

Tschüss.
tșüs
pa
Pa.

Expresii utile

Următoarele cuvinte și expresii le veți auzi și le veți folosi de foarte multe ori.

Vă rog / Mulțumesc

Bitte.	Vă/te rog.
Bitte sehr.	Poftiți.
Danke.	Mulțumesc.
Vielen Dank.	Mulțumesc frumos.

Sagen Sie mir bitte, ...
zaagăn zii mi^{a} bită ...
spune dvs. mie va-rog ...
Spuneți-mi, vă rog, ...

Herzlichen Glückwunsch!
he^{a}tslihăn glükvunș
din-inimă felicitări
Felicitări!

Acorduri / negații

ja da	**nein** nu
vielleicht poate	**gerne** cu plăcere
gut bine	**bitte sehr** poftim
okay de acord	**selbstverständlich** bineînțeles
in Ordnung în regulă	**nein danke** nu, mulțumesc
lieber nicht mai bine, nu	**auf keinen Fall** nicidecum

Sie haben Recht.
zii haabăn reht
dvs. aveți dreptate
Aveți dreptate.

Sie haben nicht Recht.
zii haabăn niht reht
dvs. aveți nu dreptate
Nu aveți dreptate.

Du hast Recht.
duu hast reht
tu ai dreptate
Ai dreptate.

Du hast nicht Recht.
duu hast niht reht
tu ai nu dreptate
Nu ai dreptate.

Das ist richtig.
das ist rihtih
asta este corect
Este corect.

Das ist falsch.
das ist falș
asta este greșit
Este greșit.

Es gefällt mir (nicht).
ăs găfelt mi[a] (niht)
asta place îmi (nu)
(Nu) Îmi place.

Das weiß ich (nicht).
das vais ih (niht)
asta știu eu (nu)
Eu (nu) știu asta.

Ich möchte (nicht).
ih möhtă (niht)
eu doresc (nu)
Eu (nu) doresc.

Nein, das geht nicht.
nain das gheet niht
nu, asta merge nu
Nu, asta nu se poate.

Auf keinen Fall.
auf kainăn fal
pe nici-un caz
În nici un caz.

Das kommt nicht in Frage.
das komt niht in fraagă
aceasta vine nu în întrebare
Nici nu se discută.

Es ist möglich.
ăs ist mööklih
asta este posibil
Este posibil.

Es ist unmöglich.
ăs ist unmööklih
asta este imposibil
Este imposibil.

Ich bin einverstanden.
ih bin ainf^{a}ștandăn
eu sunt de-acord
Eu sunt de acord.

Ich bin nicht einverstanden.
ih bin niht ainf^{a}ștandăn
eu sunt nu de-acord
Eu nu sunt de acord.

A se scuza

Entschuldigung!
entșuldigunk
scuzați
Scuzați!

Entschuldigen Sie bitte.
entșuldigăn zii bită
scuzați dvs. va-rog
Vă rog să mă scuzați.

Es war nicht absichtlich.
ăs vaa^{r} niht apzihtlih
asta era nu cu-intenție
Nu a fost cu intenție.

Es tut mir leid.
ăs tuut mi^{a} lait
asta face îmi rău
Îmi pare rău.

A se bucura, a se necăji, a se supăra

Ich freue mich.
ih froiă mih
eu bucur mă
Mă bucur.

Ich bin glücklich.
ih bin glüklih
eu sunt fericit
Sunt fericit (-ă).

Ich ärgere mich.
ih e^{a}gără mih
eu supăr mă
Eu sunt supărat (-ă).

Ich bin wütend.
ih bin vüütănt
eu sunt furios
Eu sunt furios (-ă).

Ich bin sehr zufrieden.
ih bin zee^{a} tsufriidăn
eu sunt foarte mulțumit
Eu sunt foarte mulțumit (-ă).

Ich bin sehr unzufrieden.
ih bin zee^{a} untsufriidăn
eu sunt foarte nemulțumit
Eu sunt foarte nemulțumit (-ă).

Solicitări

Warten Sie bitte einen Moment.
vaa^{r}tăn zii bită ainăn moment
așteptați dvs. vă-rog un moment
Vă rog, așteptați un moment.

Warte bitte einen Moment.
vaa^{r}tă bită ainăn moment
așteaptă te-rog un moment
Te rog, așteaptă un moment.

Zeigen Sie mir ...
tsaigăn zii mi^{a} ...
arătați dvs. mie ...
Arătați-mi ...

Zeig mir ...
tsaik mi^{a} ...
arată mie ...
Arată-mi ...

Geben Sie mir bitte ...
gheebăn zii mi^{a} bită ...
dați dvs. mie vă-rog ...
Vă rog, să-mi dați ...

Gib mir bitte ...
ghiip mi^{a} bită ...
dă îmi te-rog ...
Te rog, să-mi dai ...

... ein Glas Wasser *ain glaas vas^{a}*	un pahar de apă
... eine Quittung *aină kvitunk*	o chitanță
... eine Fahrkarte *aină faa^{r}kaa^{r}tă*	un bilet

Können Sie mir helfen?
könăn zii mi^{a} helfăn
puteți dvs. mă ajuta
Mă puteți ajuta?

Hilf mir!
hilf mi^{a}
ajută mie
Ajută-mă!

Helfen Sie mir!
helfăn zii mi[a]
ajutați dvs. mie
Ajutați-mă!

Genug!
gănuuk
destul
Destul!

Surprize

A face la cineva o surpriză este totdeauna o idee binevenită și acceptată cu foarte mare plăcere.

Was für eine Überraschung!
vas fü[a] aină üb[a]rașunk
ce pentru o surpriză
Ce surpriză!

Wirklich?
virklih
realitate
Într-adevăr?

Das wusste ich nicht.
das vustă ih niht
asta știam eu nu
Nu am știut asta.

Damit habe ich nicht gerechnet.
daamit haabă ih niht gărehnăt
cu-asta am eu nu așteptat
Nu m-am așteptat la aceasta.

A aprecia / a judeca

Das ist ...
das ist ...
asta este ...
Aceasta este ...

Ich finde das ...
ih findă das ...
eu găsesc asta ...
Eu cred că e ...

… **angenehm** plăcut	… **lustig** haios
… **fantastisch** fantastic	… **schlecht** rău
… **gut** bine	… **schön** frumos
… **hässlich** urât	… **schrecklich** îngrozitor
… **hübsch** drăguț	… **toll** grozav
… **in Ordnung** în regulă	… **unglaublich** incredibil
… **langweilig** plictisitor	… **unmöglich** imposibil

După verbul „a fi“ adjectivele nu se diferențiază între genul feminin și genul masculin.

Simpatie

Du bist sehr nett.
duu bist zee^{a} *net*
tu ești foarte drăguț
Tu ești foarte drăguț (-ă).

Du gefällst mir.
duu găfelst mi^{a}
tu place mie
Îmi place de tine.

Du bist mir sympathisch.
duu bist mi^{a} *zimpaatiș*
tu ești mie simpatic
Aveți o familie drăguță.

Sie haben eine nette Familie.
zii haabăn aină netă famiiliă
dvs. aveți o drăguță familie
Aveți o familie drăguță.

Sie sind sehr freundlich zu mir.
zii zint zee^{a} *frointlih tsuu mi*^{a}
dumneavastră sunteți foarte amabil la mine
Sunteți foarte amabil (-ă) cu mine.

Ich habe mich in dich verliebt.
ih haabă mih in dih f^{a}liipt
eu am mă în tine îndrăgostit
M-am îndrăgostit de tine.

Du hast schöne Augen.
duu hast șöönă augăn
tu ai frumoși ochi
Ai ochi frumoși.

Ich liebe dich.
ih liibă dih
eu iubesc te
Te iubesc.

Hab kein Interesse.
hap kain interesă
am nu interese
Nu sunt interesat.

Darf ich dich küssen?
daa^{r}f ih dih küsăn
pot eu te săruta
Pot să te sărut?

Fass mich nicht an!
fas mih niht an
atinge mă nu (pe)
Nu mă atinge!

Invitație

Ich würde Sie gerne morgen Abend einladen.
ih vü^{a}dă zii ghe^{a}nă mo^{a}găn aabănt ainlaadăn
eu doresc dvs. plăcere mâine seară invita
Aș vrea să vă invit mâine seară.

Vielen Dank für die Einladung.
fiilăn dank fü^{a} dii ainlaadunk
multă mulțumire pentru aceasta invitație
Mulțumesc frumos pentru invitație.

Morgen habe ich leider keine Zeit.
mo^a^găn haabă ih laid^a^ kaină tsait
mâine am eu din-păcate nu timp
Din păcate, mâine nu am timp.

Vielleicht ... ?
filaiht ...
poate ...
Poate ... ?

... am Samstag *am zamstaak*	Sâmbătă
... am Sonntag *am zontaak*	Duminică
... nächste Woche *nehstă vohă*	săptămâna viitoare

Ja, das geht.
iaa das gheet
da, aceasta merge
Da, așa pot.

Nein, das geht leider nicht.
nain das gheet laid^a^ niht
nu, aceasta merge din-păcate nu
Nu, din păcate nu pot.

O conversație cu titlu de „Invitație"

Kommen Sie um sieben Uhr abends zu uns.
komăn zii um ziibăn uu^a^ abănts tsuu uns
veniți dvs. la 7 (șapte) oră seara la noi
Veniți seara la ora 7 la noi.

Gerne.
ghe^a^nă
plăcere
Cu plăcere.

Wo treffen wir uns?
voo trefăn vi^a^ uns
unde întâlnim noi
Unde să ne întâlnim?

Wir können uns ... treffen.
vi^a könăn uns ... trefăn
noi putem ne ... întâlni
Noi ne putem întâlni ... .

... im Restaurant *im restorant*	la restaurant
... bei mir zu Hause *bai mi^a tsuu hauze*	la mine acasă
... im Kino *im kiino*	la cinema
... in einer Pizzeria *in ain^a pitsăriia*	într-o pizzerie
... im Hotel *im hotel*	la hotel
... in der ... Straße *in de^a ... ștraasă*	pe ... strada
Nummer ... *num^a ...*	... cu numărul ...

Guten Abend!
guutăn aabănt
bună seară
Bună seara!

Nehmen Sie doch Platz.
neemăn zii doh plats
luați dvs. loc
Luați loc.

Schön, dass Sie da sind.
șöön das zii daa zint
frumos, că dvs. aici sunt
Mă bucur să te am aici.

Das Essen ist fertig.
das esăn ist fe^atih
aceasta mâncare este gata
Mâncarea este gata.

Was möchten Sie trinken, Wein oder Bier?
vas möhtăn zii trinkăn vain ood^a bii^a
ce doriți dvs. bea, vin sau bere
Ce doriți să beți, vin sau bere?

Lieber Wein.
liib^a vain
mai bine vin.
Prefer vin.

Vielen Dank.
fiilăn dank
multă mulțumire
Mulțumesc frumos.

Wie heißt dieses Gericht?
vii haist diizăs găriht
cum numește această mâncare
Cum se numește această mâncare?

Das sind „Spätzle".
das zint șpetslă
asta sunt „Spätzle"
Astea sunt „Spätzle"

Es schmeckt ausgezeichnet.
ăs șmekt ausgătsaihnăt
gust excelent
Sunt foarte gustoase.

Möchten Sie ... ?
möhtăn zii ...
doriți dvs. ...
Doriți ... ?

... einen Kaffee *ainăn kafee*	o cafea
... etwas zu trinken *etvas tsuu trinkăn*	ceva de băut
... ein Bier *ain bii[a]*	o bere
... einen Wein *ainăn vain*	un vin
... Wasser *vas[a]*	apă
... Mineralwasser *mineraalvas[a]*	apă minerală
... Salz und Pfeffer *zalts unt pfef[a]*	sare și piper
... Suppe *zupă*	supă
... Salat *zalaat*	salată
... Soße *zoosă*	sos
... Nachtisch *naahtiș*	desert
... Saft *zaft*	suc
... eine rauchen *aină rauhăn*	să fumați

Ja, vielen Dank.
iaa fiilăn dank
da, mult mulțumesc
Da, mulțumesc mult.

Nein, danke.
nain dankă
nu, mulțumesc
Nu, mulțumesc.

Guten Appetit!
guutăn apătiit
bună poftă
Poftă bună!

Prost!
proost
noroc
Noroc!

Hat es Ihnen geschmeckt?
hat ăs iinăn găşmekt
avea dvs. place
V-a plăcut / A fost gustos?

Ja, das Essen war sehr gut.
iaa das esăn vaa^{r} zee^{a} guut
da, aceasta mâncare a fost foarte bună
Da, mâncarea a fost foarte bună.

Möchten Sie noch etwas?
möhtăn zii noh etvas
doriți dvs. încă ceva
Mai doriți încă ceva?

Ja, aber nur ein bisschen.
iaa ab^{a} nu^{a} ain bis-hăn
da, dar numai un puțin
Da, dar numai puțin.

Nein, danke.
nain dankă
nu, mulțumesc
Nu, mulțumesc.

Es ist schon spät.
ăs ist şoon şpeet
este deja târziu
Este deja târziu.

Ich muss jetzt gehen.
ih mus ietst gheeăn
eu trebuie acum merge
Eu trebuie acuma să plec.

Es war ein schöner Abend.
ăs vaa^{r} ain şöön^{a} aabănt
asta a fost o frumoasă seară
A fost o seară frumoasă.

Vielen Dank für die Einladung.
fiilăn dank fü^{a} dii ainlaadunk
mult mulțumesc pentru asta invitație
Mulțumesc frumos pentru invitație.

Circulația

Ich habe mich verlaufen.
ih haabă mih f[a]laufăn
eu am rătăcit
M-am rătăcit.

Wie weit ist es?
vii vait ist ăs
cum departe este asta
Cât de departe este?

Wohin muss ich gehen?
voohin mus ih gheeăn
unde trebuie eu merge
Unde trebuie să merg?

Raspunsuri posibile:

Das weiß ich leider nicht.
das vais ih laid[a] niht
aceasta știu eu din-păcate nu
Îmi pare rău, dar nu știu.

Sie können den Bus nehmen.
zii könăn deen bus neemăn
dvs. puteți autobuzul lua
Puteți lua autobuzul.

Fahren Sie ...
faarăn zii ...
călătoriți dvs. ...
Călătoriți ...

Gehen Sie ...
gheeăn zii ...
mergeți dvs. ...
Mergeți (pe jos) ...

Direcțiile

nach rechts *naah rehts*	la dreapta
nach links *naah links*	la stânga
geradeaus *graadă-aus*	înainte
zurück *tsurük*	înapoi
auf der rechten Spur *auf de[a] rehtăn șpu[a]*	pe banda din dreapta
bis zur Kreuzung *bis tsu[a] kroitsunk*	la intersecție
an der nächsten Ampel *an de[a] nehstăn ampăl*	la următorul semafor
die erste Straße *dii e[a]stă ștrasă*	prima stradă
die zweite Straße *dii tsvaită ștrasă*	a doua stradă

Entschuldigung, wo ist ... ?
entșuldigunk voo ist ...
scuzați, unde este ...
Scuzați, unde este ... ?

Wie komme ich zu ... ?
vii komă ih tsuu ...
cum ajung eu la ...
Eu cum ajung la ... ?

Apotheke, die, -n	farmacie
Arzt, der, Ärzte	medic
Ausländerbehörde, die, -n	autorități pentru străini
Ausstellung, die, -en	expoziție
Bank, die, -en	bancă
Geschäft, das, -e	magazin
Haltestelle, die, -n	stație
Kirche, die, -n	biserică
Krankenhaus, das, -häuser	spital
Lebensmittelgeschäft, das, -e	alimentară
Markt, der, -e	piață
Museum, das, Museen	muzeu
Notrufsäule, die, -n	telefon de urgență
Polizei, die, -en	Poliția

Rathaus, das, -häuser	primăria
Supermarkt, der, -märkte	magazin universal
Touristeninformation, die, -en	informații turistice
Zentrum, das, Zentren	centru

Semne de circulație

Ausfahrt ieșire	**Einfahrt** intrare
Einbahnstraße sens unic	**verboten** interzis
gesperrt închis pentru circulație	**Umleitung** deviere, ocolire
Kurve curbă	**Wildwechsel** animale
Stop oprire obligatorie	**Vorfahrt** prioritate
Unfall accident	**Zufahrt** acces

Bahnübergang	trecere de cale ferată
Gegenverkehr	circulație in ambele sensuri
Schleudergefahr (bei Nässe)	drum alunecos la umezeală

Cu trenul

Wo gibt es hier eine Gepäckaufbewahrung?
voo ghiipt ăs hii[a] aină găpek-aufbăvaarunk
unde da asta aici o bagaje-păstrare
Unde este oficiul de păstrare a bagajelor?

Ich hätte gerne eine Fahrkarte nach ...
ih hetă ghe[a]nă aină faa[r]kaa[r]tă naah ...
eu aș-avea plăcere un bilet la ...
Vă rog frumos, dați-mi un bilet până la ...

für heute	pentru astăzi
für morgen	pentru mâine
für Samstag	pentru sâmbătă

für Sonntag	pentru duminică
zwei Fahrkarten	două bilete
nur Hinfahrt	numai dus
hin und zurück	dus și întors
erste Klasse	clasa întâi
zweite Klasse	clasa a doua
für Kinder	pentru copii
mit Reservierung	cu rezervare
mit Ermäßigung	cu reducere
am Fenster	la fereastră
am Gang	lângă culoar

Biletele cumpărate de la automate sau de pe internet sunt mai ieftine decât cele cumpărate de la ghișeu. De asemenea, se dau reduceri la bilete pentru mai multe persoane (în grup), pentru bătrâni sau cele cumpărate din timp.

Eurocity, EC accelerat (oprește numai în orașele foarte mari)

Intercity, IC rapid (circulă numai între orașele mari)

Intercity Express, ICE foarte rapid (este scump și repede)

Regionalbahn tren regional

Von welchem Gleis fährt der Zug nach ... ab?
fon velhăm glais feeᵃt deᵃ tsuuk naah ... ap
ce care peron pleacă acest tren la ... (dus)
De la ce peron pleacă trenul la ... ?

Wann kommt der Zug in ... an?
van komt deᵃ tsuuk in ... an
când ajunge acest tren în ... (pe)
Când ajunge trenul în ... ?

(Wo) muss ich umsteigen?
(voo) mus ih umștaigăn
(unde) trebuie eu schimba
(Unde) trebuie să schimb?

Ist dieser Platz noch frei?
ist diiz[a] plats noh frai
este acest loc deja liber
Este liber locul acesta?

Ausgang, der, -gänge	ieșire
Gepäck, das, =	bagaj
Auskunft, die, -künfte	informații
Gleis, das, -e	linie
Bahnhof, der, -höfe	gară
Kontrolleur, der, -e	controlor
Bahnsteig, der, -e	peron
reserviert	rezervat
Fahrkarte, die, -n	bilet
gültig	valabil
Verspätung, die, -en	întârziere
Toilette, die, -n	toaletă
Fahrplan, der, -pläne	mersul trenurilor
Speisewagen, der, =	wagon restaurant
umsteigen, steigt um, ist umgestiegen	a schimba
verpassen, verpasst, hat verpasst	a pierde

Cu autobuzul sau cu tramvaiul

Wie komme ich zum Busbahnhof?
vii komă ih tsum busbaanhoof
cum ajung eu la autobuz-gară
Cum ajung la autogară?

Wo ist die Bushaltestelle?
voo ist dii bushaltăștelă
unde este aceasta autobus-stație
Unde este stația de autobuz?

Wie lange dauert die Fahrt?
vii langă dau^{a}t dii faa^{r}t
cât mult-timp durează aceasta călătorie
Cât durează călătoria?

Wo muss ich aussteigen für ... ?
voo mus ih aus-ștaigăn fü^{a} ...
unde trebuie eu cobor pentru ...
Unde trebuie să cobor pentru ... ?

Wie lange haben wir Aufenthalt?
vii langă haabăn vi^{a} aufănthalt
cum mult-timp avem noi staționare
Cât durează staționarea?

Eine Fahrkarte bis nach ..., bitte.
aină faa^{r}kaa^{r}tă bis naah ... bită
un bilet până la ... va-rog
Un bilet până la ..., vă rog.

?

Welcher Bus fährt ins Zentrum?
velh^{a} bus fee^{a}t ins tsentrum
care autobuz merge în centru
Care autobuz merge în centru?

Răspuns posibil:

Der Bus Nummer 5 (fünf).
de^{a} bus num^{a} fümf
autobuzul număr 5
Autobuzul numărul 5.

Welche U-Bahn fährt zum Hauptbahnhof?
velhă uubaan fee^a t tsum hauptbaanhoof
care metrou merge la central-gară
Care metrou merge la gara centrală?

Răspuns posibil:

Die Linie 6 (sechs).
dii liiniă zeks
aceasta linie 6
Linia de metrou numărul 6.

Wann fährt der Bus / die U-Bahn ab?
van fee^a t de^a bus / dii uubaan ap
când pleacă acest autobuz / metrou (dus)
Când pleacă autobuzul / metroul?

Fahren Sie nach ... ?
faa^r ăn zii naah ...
mergeți dvs. la ...
Mergeți spre ... ?

Autobuzele cu traseu lung nu circulă de mult timp (din 2014) în Germania. În toate orașele și localitățile mai mici circulă multe autobuze locale. Biletele se cumpără de la automatele plasate in stații și în mijlocul de transport, de la șofer. Ușa se deschide de către călător apăsând pe butonul situat lângă ușă.

S-Bahn, die, -en	tren rapid regional
U-Bahn, die, -en	metrou
Bus, der, -se	autobuz

Straßenbahn, die, -en	tramvai
Endstation, die, -en	capăt de linie
Haltestelle, die, -n	stație
Schulbus, der, -se	autobuz pentru elevi
einfache Fahrt, die, -en	bilet pentru o călătorie
Sonderfahrt, die, -en	cursă specială
Einstieg, der, -e	urcare
Ausstieg, der, -e	coborâre
Preisstufe, die, -n	zonă
Fahrkarte, die, -n	bilet
Fahrkartenautomat, der, -en	automat pentru bilete
Fahrkartenkontrolle, der, -n	control de bilete
4 (vier)-Fahrtenkarte, die -n	bilet pentru patru călătorii
Wochenkarte, die -n	abonament săptămânal
Monatskarte, die -n	abonament lunar
Jahreskarte, die -n	abonament anual

Gibt es eine Ermäßigung für ... ?

ghiipt ăs aină e[a]meesigunk fü[a] ...

da asta o reducere pentru ...

Există reducere de preț pentru ... ?

Behinderte *(pl)*	persoane cu handicap
Familien *(pl)*	familii
Gruppen *(pl)*	grupuri
Rentner *(pl)*	pensionari
Schüler *(pl)*	elevi
Studenten *(pl)*	studenți

Cu mașina

Circulația pe drumurile din Germania este foarte strict reglementată. Viteza maximală în localități este de 50 km/oră, în afara localităților 100 km/oră, pe anumite autobenzi viteza este nelimitată. **Anschnallpflicht** înseamnă că este obligatoriu ca toate persoanele din mașină să își pună centura de siguranță. Copii sub 12 ani trebuie să aibe obligatoriu scaune speciale **(Kindersitz).** Obligatorii sunt și landourile **(Babyschale)** pentru bebeluși.

Consumul de alcool este pânâ la 0,5 mg/l.

Autostrăzile cu număr impar merg de la nord la sud (de exemplu A81), cele cu număr par de la est la vest. În Germania nu se face autostopul pe stradă.

Ist dies die Straße nach ... ?
ist diis dii straasă nah ...
este aceasta strada la ...
Aceasta este strada care duce la ... ?

Gute Fahrt.
guută faa'rt
bun drum
Drum bun.

Ampel, die, -n	semafor
Anhänger, der, =	remorcă
Auffahrt, die, -en	intrare pe autostradă
Ausfahrt, die, -en	ieșirea de pe autostradă
Autobahn, die, -en	autostradă
Blitz, der, -e	radar
Bundesstraße, die, -n	drum federal
Bußgeld, das, -er	amendă
Garage, die, -n	garaj
grüne Karte, die, -n	carte verde

Haftpflichtversicherung, die, -en	asigurare obligatorie
Landstraße, die, -n	șosea
LKW (Lastwagen), der, -s	camion
Mofa, das, -s	motoretă
Moped, das, -s	scuter
Motorrad, das, -räder	motocicletă
Notrufsäule, die, -n	telefon de urgență
Panne, die, -n	pană
Parken, das, -	parcare
Parkplatz, der, -plätze	loc de parcare
Parkgebühr, die, -en	taxă de parcare
PKW, der, -s	mașină
Radar, der, -e	radar
Sicherheitsgurt, der, -e	centură de siguranță
Straße, die, -n	stradă
Stau, der, -s	blocaj de circulație
Tankstelle, die, -n	benzinărie
Taxi, das, -s	taxi
Unfall, der, -fälle	accident
Versicherung, die, -en	asigurare
Verwarnung, die, -en	Avertisment
Wagen, der, =	mașină
Werkstatt, die, -stätten	service-auto

abschleppen, schleppt ab, hat abgeschleppt	a remorca
blinken, blinkt, hat geblinkt	a semnaliza
bremsen, bremst, hat gebremst	a frâna
Gas geben, gibt Gas, hat Gas gegeben	a accelera

rasen, rast, ist gerast	a goni
überholen, überholt, hat überholt	a depăși

Cele mai multe benzinării sunt cu autoservire. Combustibilul cumpărat de la benzinăriile de pe autobandă este mai scump decât cel cumpărat de la benzinăriile din oraș.

Wo gibt es hier in der Nähe eine Tankstelle?
voo ghiipt ăs hii[a] in de[a] neeă aină tankștelă
unde da asta aici în aceasta apropiere o benzinărie
Unde este cea mai apropiată benzinărie?

Benzin benzină	**bleifrei** fără plumb
Diesel diesel	**Super** super
Waschanlage spălătorie de mașini	**Autogas** GPL
Luft aer	**Wasser** apă
Ölwechsel schimbare de ulei	**Staubsauger** aspirator

Ich habe eine Reifenpanne.
ih haabă aină raifănpană
eu am o cauciuc-pană
Am o pană de cauciuc.

Ich habe eine Motorpanne.
ih haabă aină mootorpană
eu am o motor-pană
Am o pană de motor.

Könnten Sie mich abschleppen?
köntăn zii mih apșlepăn
ați-putea dvs. mă remorcați
Ați putea să mă remorcați?

Wo ist die nächste Werkstatt?
voo ist dii neehstă ve[a]kștat
unde este acest următor atelier
Unde este cel mai propiat service-auto?

Wieviel wird die Reparatur ungefähr kosten?
viifiil vi^{a}t dii reparatuu^{a} unghefee^{a} kostăn
cât va reparație aproximativ costa
Cam cât va costa reparația?

Wann ist es fertig?
van ist ăs fe^{a}tih
când este asta gata
Când este gata?

Ein Unfall ist passiert.
ain unfal ist pasii^{a}t
un accident este întâmplat
S-a produs un accident.

Ich möchte, dass wir die Polizei holen.
ih möhtă das vi^{a} dii politsai hoolăn
eu doresc, că noi aceasta poliție chema
Aș dori să chemăm poliția.

!

... ist kaputt.	**... geht nicht mehr.**	**... funktioniert nicht.**
... ist kaput	*... gheet niht mee^{a}*	*... funktsioonii^{a}t niht*
... este stricat	*... merge nu mai*	*... funcționează nu*
... este stricat.	... nu mai merge.	... nu funcționează.

Abblendlicht, das, -er	fază scurtă
Anlasser, der, -	starter
Fernlicht, das, -er	fază lungă
Frostschutzmittel, das, -	antigel
Heizung, die, -en	încălzire
Kühler, der, -	radiator
Kupplung, die, -en	ambreiaj
Lampe, die, -n	lumină
Lichtmaschine, die	dinam

Motor, der, -en	motor
Reifen, der, -	cauciuc, anvelopă
Rückwärtsgang, der, -gänge	marșarier
Scheibenwischer, der, -	ștergător de parbriz
Scheinwerfer, der, -	far
Spiegel, der, -	oglindă
Stoßdämpfer, der, -	amortizor
Verbandskasten, der, -kästen	trusă de prim-ajutor
Vergaser, der, -	corburator
Zündung, die, -en	aprindere

La cumpărături

Majoritatea magazinelor din Germania sunt dumineca închise și sâmbăta dimineță de multe ori deschise. Excepție fac brutăriile. Luni la coafor este zi liberă. Farmaciile și medicii au Miercuri. Cuvintele „Geschäft“ și „Laden“ sunt cuvinte omonime. În compoziție cu alte cuvinte au același înțeles, de exemplu: „Blumenladen“ sau „Blumengeschäft“ (florărie).

Entschuldigung, wo gibt es hier einen / eine / ein ...?
entșuldigunk voo ghiipt ăs hii[a] ain ...
scuză, unde da asta aici un ...
Mă scuzați, unde găsesc ...?

Apotheke, die, -n	farmacie
Bäckerei, die, -en	panificație și patiserie
Baumarkt, der, -märkte	magazin de materiale de bricolaj
Blumenladen, der, -läden	florărie
Buchhandlung, die, -en	librărie

Drogerie, die, -n	articole de cosmetică
Gartencenter, das, =	magazin cu articole de grădină
Geschäft, das, -e	magazin
Kaufhaus, das, -häuser	magazin universal
Laden, der, Läden	magazin
Schreibwarengeschäft, das, -e	magazin de papetărie
Schuhgeschäft, das, -e	magazin de încălțăminte
Lebensmittelgeschäft, das, -e	magazin alimentar
Metzgerei, die, -en	măcelărie
Möbelgeschäft, das, -e	magazin de mobilă
Modegeschäft, das, -e	magazin de îmbrăcăminte
Spielwarengeschäft, das, -e	magazin de jucării
Sportgeschäft, das, -e	magazin de articole sportive
Supermarkt, der, -märkte	supermarket
Zoogeschäft, das, -e	magazin de animale de companie

geöffnet	deschis
geschlossen	închis
reduziert	redus
kostenlos	gratuit
kosten, kostet, hat gekostet	a costa
zeigen, zeigt, hat gezeigt	a arăta
einpacken, packt ein, hat eingepackt	a împacheta
bezahlen, bezahlt, hat bezahlt	a plăti

?

Wie kann ich Ihnen helfen?
vii kan ih iinăn helfăn
cum pot eu vă ajuta
Cum pot să vă ajut?

Raspunsuri posibile:

Ich möchte mich nur umsehen.
ih möhtă mih nu[a] umzeen
eu doresc mă doar uita
Doresc doar să mă uit.

Geben Sie mir bitte ...
gheebăn zii mi[a] bită ...
dați dvs. îmi va-rog ...
Dați-mi vă rog ...

Ich suche ...
ih zuuhă ...
eu caut ...
Eu caut ...

Ich möchte ...
ih möhtă ...
eu doresc ...
Eu doresc ...

Darf ich ... ?
daa[r]f ih ...
permit eu ...
Pot să ... ?

?

Haben Sie ...?
haabăn zii ...
aveți dvs. ...
Aveți dumneavoastră ...?

Raspunsuri posibile:

Ja, das haben wir.
iaa das haabăn vi[a]
da, aceasta avem noi
Da, avem.

Nein, das haben wir leider nicht.
nain das haabăn vi[a] laid[a] niht
nu, aceasta avem noi din-păcate nu
Din păcate nu avem.

Angebot, das, -e	ofertă
Ausverkauf, der, -käufe	vândut
Einkaufswagen, der, =	cărucior de cumpărat
Etage, die, -n	etaj
Kasse, die, -n	casă de plătit
Kundin, die, -nen	clientă
Öffnungszeiten, die *(pl)*	orar
Preis, der, -e	preț
Preissnachlass, der, -lässe	reducere de preț/ofertă
Rechnung, die, -en	bon fiscal
Regal, das, -e	raft
Schlussverkauf, der, -käufe	lichidare
Sonderangebot, das, -e	ofertă specială, promoție
Sonderpreis, der, -e	preț redus
Verkäufer, der, =	vânzător
Ware, die, -n	marfă

Plată

Wo kann ich zahlen?
voo kan ih tsaalăn
unde pot eu plăti
Unde pot să plătesc?

Wieviel kostet das?
viifiil kostăt das
cât costă asta
Cât costă aceasta?

Das macht (zusammen) … Euro.
das maht (tsuuzamăn) … oiro
aceasta costă (împreună) … Euro
Costă (împreună) … Euro.

Ich möchte mit Karte zahlen.
ih möhtă mit kaa[r]tă tsaalăn
eu doresc cu card plăti
Doresc să plătesc cu cardul bancar.

Gut, ich nehme es.
guut, ih neemă ăs
bine eu iau asta
Bine, eu iau asta.

Das ist zu teuer.
das ist tsuu toi[a]
aceasta este prea scump
Este prea scump.

Îmbrăcăminte

În magazinele mari sunt ateliere de croitorie unde se pot ajusta articolele cumpărate la prețuri convenabile.

Bluse, die, -n	bluză
BH (Büstenhalter), der, -	sutien
Gürtel, der, =	curea, cordon
Handschuh, der, -e	mănușă
Hemd, das, -en	cămașă
Hose, die, -n	pantaloni
Jacke, die, -n	geacă
Jeans, die, =	blugi
Kleid, das, -er	rochie
Mantel, der, Mäntel	palton
Mütze, die, -n	căciuliță
Pullover, der, =	pulovăr
Regenschirm, der, -e	umbrelă
Schlafanzug, der, -züge	pijama
Schuhe, die *(pl)*	pantofi
Stiefel, der, =	cizmă

Strumpf, der, Strümpfe	ciorap
Socke, die, -n	șosetă
Tasche, die, -n	geantă
Traininganzug, der, -züge	trening
T-Shirt, das, -s	tricou
Unterhemd, das, -en	maiou
Unterhose, die, -n	chilot
Unterwäsche, die, -	lenjerie de corp

anprobieren, probiert an, hat anprobiert	a proba
anziehen, zieht an, hat angezogen	a (se) îmbrăca
ausziehen, zieht aus, hat ausgezogen	a (se) dezbrăca

Culorile

blau albastru	**orange** portocaliu
braun maro	**rot** roșu
gelb galben	**rosa, pink** roz
grau gri	**schwarz** negru
grün verde	**weiß** alb
lila mov	**violett** violet
beige bej	**türkis** turcoaz
hell- deschis	**dunkel-** închis

Das gefällt mir.
das găfelt mi[a]
asta place mie
Aceasta îmi place.

Das ist mir zu ...
das ist mi[a] tsuu ...
Asta este mie prea ...
Este prea ...

breit lat	**schmal** îngust
klein mic	**groß** mare
lang lung	**kurz** scurt/scund
leicht ușor	**schwer** greu
dünn subțire	**dunkel** închis
hell deschis	**teuer** scump

Das passt mir gut.
das past mi[a] guut
aceasta potrivește îmi bine
Asta mi se potrivește bine.

Das passt mir nicht.
das past mi[a] niht
aceasta potrivește îmi nu
Asta nu mi se potrivește.

Haben Sie eine andere Farbe / Größe?
haabăn zii aină andără faa[r]bă / gröösă
aveți dvs. o altă culoare/mărime
Aveți o altă culoare/mărime?

Ich nehme das.
ih neemă das
eu iau aceasta
Eu iau aceasta.

Darf es sonst noch etwas sein?
daa[r]f ăs zonst noh etvas zain
pot asta altfel încă ceva fi
Doriți și altceva?

Raspunsuri posibile:

Nein danke, das ist alles.
nain dankă das ist alăs
nu mulțumesc, aceasta este tot
Nu, mulțumesc, atât.

Könnte ich bitte eine Tüte haben?
köntă ih bită aină tüütă haabăn
aș-putea eu va-rog o plasă avea
Vă rog, puteți să-mi dați o plasă?

Mâncarea și băutura

Timpurile de mâncare	
Frühstück, das, -e	micul dejun
Mittagessen, das, =	prânz
Abendessen, das, =	cină

Mic dejun

La micul dejun se bea cafea sau ceai și se mănâncă cereale cu iaurt sau lapte, pâine sau chifle cu dulceață, mezeluri sau brânzeturi.

Sorte de pâine

În Germania sunt multe specialități de pâine, de exemplu:

die Brezel, -n	covrig
das Brötchen, =	chiflă
das Croissant, -s	cornuri
das Graubrot, -e	pâine semineagră
das Knäckebrot, -e	pâine crocantă
das Körnerbrot, -e	pâine cu semințe
das Kümmelbrot, -e	pâine cu chimen
das Mehrkornbrot, -e	pâine cu semințe
das Rosinenbrot, -e	pâine cu stafide
das Sauerteigbrot, -e	pâine dospită
das Schwarzbrot, -e	pâine neagră
das Vollkornbrot, -e	pâine integrală
das Weißbrot, -e	pâine albă

O conversație în magazinul de pâine

Guten Morgen!
guutăn mo^{a}găn
bună dimineața
Bună dimineața!

Guten Morgen.
guutăn mo^{a}găn
bună dimineața.
Bună dimineața.

Was hätten Sie gerne?
vas hetăn zii ghe^{a}nă
ce aș-avea dvs. plăcere
Ce ați dori dumneavoastră?

Ich hätte gerne vier Brötchen.
ih hetă ghe^{a}nă fii^{a} bröötăn
eu aș-avea plăcere patru chifle
Aș dori patru chifle.

Welche?
velhă
care
De care?

Von diesen dort.
fon diizăn doa^{r}t
de acelea acolo
Din acelea de acolo.

Möchten Sie noch etwas?
möhtăn zii noh etvas
doriți dvs. încă ceva
Doriți și altceva?

Ja, geben Sie mir bitte noch ein Weißbrot.
iaa gheebăn zii mi^{a} bită noh ain vaisbroot
da, dați dvs. îmi va-rog încă o albă-pâine
Da, dați-mi vă rog încă o pâine albă.

Das macht zusammen 5.50 Euro (fünf Euro fünfzig).
das maht tsuuzamăn fümf oiro fümftsih
aceasta fac împreună cinci euro cinzeci
Acestea fac împreună 5.50 Euro.

Vielen Dank!
fiilăn dank
multă mulțumire
Mulțumesc frumos.

Auf Wiedersehen.
auf viid^{a}zeen
la revedere
La revedere.

Produse lactate

Există mai multe feluri de produse lactate, combinate de exemplu cu fructe, dulceață sau nuci.

die Butter	unt
die Sauerrahmbutter	unt din smântână acrișoară
die Süßrahmbutter	unt din smântână dulce
die Buttermilch	lapte bătut
der Joghurt	iaurt
der Fruchtjoghurt	iaurt cu fructe
der Käse	brânză
der Weichkäse	brânză moale
der Schmelzkäse	brânză foarte moale
der Schimmelkäse	brânză cu mucegai
der Quark	brânză de vaci
die Sahne	frișcă

Cârnați (rece)

Bierwurst	cârnat din bucăți mari
Blutwurst	sângerete
Cervelatwurst	cârnat de porc și vită afumată la rece
Fleischwurst	cârnat din carne de porc
kalter Braten	friptură rece
Leberwurst	cârnat din ficat
Mettwurst	cârnat umplut cu carne tocată
Salami	salam
Schinken **roh / gekocht / geräuchert**	șuncă crudă / fiartă / afumată
Tartar	tartar (carne crudă de vită)
Teewurst	cârnat moale din carne crudă măcinată

Fructe

die Ananas, = ananas	**die Kirsche, -n** cireașă
der Apfel, Äpfel măr	**die Kiwi, -s** kiwi
die Apfelsine, -n portocală	**die Melone, -n** pepene
die Aprikose, -n caisă	**der Pfirsich, -e** piersică
die Avocado, -s avocado	**die Pflaume, -n** prună
die Banane, -n banană	**die Sauerkirsche, -n** vișină
die Birne, -n pară	**die Heidelbeere, -n** afină
die Erdbeere, -n căpșună	**die Wassermelone, -n** pepene verde
die Himbeere, -n zmeură	**die Weintraube, -n** strugure

Mâncare caldă (prânz, cină): Mâncăruri tipice nemțești

Fiecare regiune din Germania are specialități proprii. Nu le veți găsi pe toate în restaurant.

die Bratkartoffeln *(pl)*	cartofi fierți
die Bratwurst, -würste	cârnat prăjit
die Currywurst, -würste	cârnat prăjit cu sos de curry
der Eintopf, -töpfe	ghiveci
das Eisbein, -e	picior de porc (sărat și fiert)
das Fischstäbchen, =	fileu de pește pané
die Flädle-Suppe, n	fâșii de clătite în supă (Austria, sudul Germaniei)
die Frikadelle, -n	pârjoale
Geschnetzeltes (das)	bucățele de carne tăiate subțire
der Grünkohl, =	nap (regiune de Rin, nordul Germaniei)
der Kartoffelsalat, -e	salată de cartofi cu maioneză (nordul Germaniei)
Kassler	carne de porc afumată
das Käsefondue, -s	bucăți de pâine în brânză topită (Elveția)
Knödel, Klöße *(pl)*	găluște
die Maultaschen *(pl)*	colțunași umplut cu carne sau brânză (sudul Germaniei)
der Leberknödel, =	gălușcă de ficat
paniertes Schnitzel	șnițel pane
Wiener Schnitzel	șnițel vienez
die Pommes *(pl)*	cartofi prăjiți

der Rollmops, -möpse	scrumbie marinată rulată în jurul unui castravecior
der Salat, -e	salată
der Sauerbraten, =	carne de vită în baiț
das Sauerkraut, -	varză murată
die Schweinshaxe, -n	ciolan de porc
die Spätzle *(pl)*	aluat moale din multe ouă trecut printr-o presă
das Steak, -s	biftec
die Suppe, -n	supă
die Weißwurst, -würste	cârnat fiert (Bavaria)
das Wildschwein (-fleisch)	carne de mistreț
das Würstchen, -	crenvurști

Feluri dulci, deserturi

der Apfelstrudel, =	ștrudel cu mere (Austria)
der Berliner, =	gogoașă
das Eis, =	înghețată cu și fără fructe
der Käsekuchen, -	plăcintă cu brânză
das Müsli, Müesli, -s	fulgi de ovăz cu lapte și fructe (Elveția)
der Obstsalat, -e	salată de fructe
der Pudding, -	budincă
das Schokoladenfondue, -s	fructe în ciocolată topită
die Schwarzwälder Kirschtorte, -n	tort cu ciocolată și cireșe

Legume

die Aubergine, -n vânătă

der Blumenkohl, -e conopidă

die Bohne, -n fasole

die Erbse, -n mazăre

die Gurke, -n castravete

die Kartoffel, -n cartof

die Karotte, -n morcov

der Kohl, -e varză

der Knoblauch, - usturoi

der Kürbis, -se dovleac

der Lauch, - praz

der Linse, -n linte

die Mohrrübe, -n morcov

die Paprika, -s ardei

die Pastinake, -n păstârnac

die Petersilie, -n pătrunjel

der Pilz, -e ciupercă

der Reis, - orez

der Rotkohl, -e varză roșie

der Sellerie, -s țelină

der Spinat, - spanac

die Tomate, -n roșie

die Zucchini, -s dovlecel

die Zwiebel, -n ceapă

Pește

die Forelle, -n păstrăv

der Hecht, -e știucă

der Hering, -e scrumbie

der Karpfen, = crap

der Lachs, -e somon

der Seelachs, -e merluciu

die Seezunge, -n limbă de mare

der Stockfisch, -e batog

Carne

die Ente, -n rață

das Entrecôte, -s antricot

das Filet, -s file

das Fleisch, - carne

das Frikassee, -s ciulama

die Gans, Gänse gâscă

das Grillhähnchen	pui la grătar
das Gulasch, -	gulaș
das Hackfleisch, -	carne tocată
das Hähnchen, =	pui
das Hammelfleisch	carne de berbec
die Hühnerbrust, -brüste	piept de pui
das Kalb, Kälber	vițel
das Kotlett, -s	cotlet
die Pute, -n	curcan
das Reh, -e	căprioară
das Rind, -er	vită
der Rinderbraten	friptură de vacă
das Rinderfilet, -s	mușchi de vită
das Rippchen, =	coastă
das Roastbeef, -s	biftec la grătar
die Rostbratwurst, -würste	cârnat la grătar
das Schaf, -e	oaie
der Schmorbraten, =	friptură înăbușită
das Schwein, -e	porc
das Spanferkel, =	purcel de lapte la tavă
das Steak, -s	biftec
die Ziege, -n	capră

Condimente

der Anis anason	**die Nelke** cuișoare
das Basilikum busuioc	**der Oregano** oregano
das Bohnenkraut cimbru	**der Paprika** boia de ardei
der Chili boia de ardei iute	**die Petersilie** pătrunjel
das Curry curry	**der Rosmarin** rozmarin

der Dill mărar
der Ingwer ghimbir
der Knoblauch usturoi
der Koriander coriandru
der Kümmel chimen
die Kurkuma curcumă
der Majoran măghiran
die Muskatnuss nucșoară
Wacholderbeeren *(pl)* boabe de ienupăr
der Pfeffer piper
grüner verde
schwarzer negru
der Safran șofran
der Salbei salvie
das Salz sare
der Senf muștar
Senfkörner *(pl)* boabe de muștar
der Thymian cimbru
die Vanille vanilie
der Zimt scorțișoară
Lorbeerblätter *(pl)* frunze de dafin
bunter colorat
roter roșu
weißer alb

Diferite moduri de preparare

Wie soll es sein?
vii zol ăs zain
cum trebuie asta fi
Cum să fie?

Wie möchten Sie Ihr Steak?
vii möhtăn zii iiª steek
cum doriți dvs. vostru biftec
Cum doriți dvs. biftecul?

blutig in sânge
durch pătruns
„englisch" aproape crud
fett gras
frisch proaspăt
gebraten prăjit
gedünstet înăbușit
gegrillt la grătar
gekocht fiert
gut durchgebraten fript bine
knusprig crocant
mager slab
medium potrivit
roh crud
saftig în suc
scharf iute
schärfer mai iute
süß dulce
trocken uscat
weich moale

A pregăti	
ausrollen, rollt aus, hat ausgerollt	a întinde (aluatul)
backen, bäckt, hat gebacken	a coace
braten, brät, hat gebraten	a prăji / a găti (la cuptor)
gießen, gießt, hat gegossen	a turna
grillen, grillt, hat gegrillt	a găti la grătar
kochen, kocht, hat gekocht	a fierbe
köcheln lassen, lässt köcheln, hat köcheln lassen	a găti la foc mic
pochieren, pochiert, hat pochiert	a fierbe în apă
reiben, reibt, hat gerieben	a răzui
rühren, rührt, hat gerührt	a amesteca
schälen, schält, hat geschält	a curăța de coajă
schlagen, schlägt, hat geschlagen	a bate cu telul
schneiden, schneidet, hat geschnitten	a tăia felii
sieben, siebt, hat gesiebt	a cerne
verrühren, verrührt, hat verrührt	a mixa

Băuturi

Apfelsaft, der, -säfte	suc de mere
Apfelschorle, die, -n	suc de mere cu apă minerală
Kaffee, der, -s	cafea
Kakao, der, -s	cacao
Milch, die, -	lapte
Orangensaft, der, -säfte	suc de portocale
Saft, der, Säfte	suc
Sprudel, der, =	apă minerală
stilles Wasser, das, =	apă plată
Tee, der, -s	ceai

Vin

Vinurile sunt **trocken** (seci), **halbtrocken** (demiseci) sau **lieblich** (dulci).

Most, der, -e must	**Weißwein, der, -e** vin alb
Roséwein, der, -e vin rosé	**Sekt, der, =** spumos
Rotwein, der, -e vin roșu	**Schorle, die, -n** șpriț (vin cu apă minerală)

Bere

Multe orașe, județe sau sate mici au fabrici de bere proprii, care vând berea numai la nivel local.

alkoholfreies Bier	bere fără alcool
Alt	bere închisă
Bockbier	bere dulce cu mai mult alcool
(Hefe-)weizen	bere de grâu
Kölsch	bere de Köln
Malzbier	bere neagră cu puțin alcool
Pils	bere blondă
Radler	bere cu limonadă

Localuri

Bucătăria germană se găsește la localurile cu numele de „Gasthaus“, „Gasthof“, „Gastwirtschaft“.

Biergarten, der, -gärten	berărie (terasă)
Gasthaus, das, -häuser; Gasthof, der, -höfe; Gastwirtschaft, die, -en	pensiune

Hotel, das, -s	hotel
Kiosk, der, -s	chioșc
Kneipe, die, -n	cârciumă
Lokal, das, -e	local
Pizzeria, die, -s	pizzerie
Pommesbude, die, -n	rotiserie de cartofi pai
Restaurant, das, -s	restaurant
Weinstube, die, -n	bodegă

Dialog pentru rezervarea unei mese

În weekend sau pentru mai multe persoane, este indicat înainte de te duce la un restaurant să comanzi o masă prin telefon (să faci o rezervare).

Ich möchte einen Tisch für heute Abend reservieren.
ih möhtă ainăn tiș fü^a hoită abănt rezerviirăn
eu doresc o masă pentru azi seară rezerva
Aș dori să rezerv o masă pentru diseară.

Für wieviele Personen?
fü^a viifiilă pe^{a}zoonăn
pentru câte persoane
Pentru câte persoane?

Răspuns posibil:

Für 4 (vier) Personen.
füa^r fii^a pe^{a}zoonăn
pentru 4 persoane
Pentru 4 persoane.

Um wieviel Uhr?
um viifiil uu^a
la cât oră
La ce oră?

Răspuns posibil:

Um 19 (neunzehn) Uhr.
um nointseen uu^a
la 19 oră
La ora 19.

Auf welchen Namen?
auf velhăn naamăn
pe care nume
Pe ce nume?

Răspuns posibil:
Auf den Namen …
auf deen naamăn
pe acest nume
Pe numele de …

Ich habe einen Tisch für 4 Personen auf den Namen … bestellt.
ih haabă ainăn tiș füᵅ fiiᵅ peᵅzoonăn auf deen naamăn … băștelt
eu am o masă pentru 4 persoane pe nume … rezervat
Am rezervat o masă pentru 4 persoane pe numele de …

În restaurant

În toate restaurantele este interzis fumatul. Unele restaurante au camere speciale pentru fumat. În restaurante de bună calitate se dă bacșiș, 10% din consumație, pentru chelner. În restaurante porțiile sunt în general foarte mari iar mâncarea care rămâne în farfurie se obișnuiește să se ia la pachet, de aceea foarte multe localuri au porții pentru copii **(Kinderteller)** și porții pentru oameni în vârstă **(Seniorenteller).**

Brunch: dumineca în multe localuri, de la ora 10–13, contra unei sume fixe se poate bea și mânca oricât (micul dejun și masa de prânz împreună).

Ist dieser Tisch noch frei?
ist diizᵅ tiș noh frai
este această masă încă liber
Este liberă această masă?

Ich habe Hunger.
ih haabă hung[a]
eu am foame
Mi-e foame.

Ich bin satt.
ih bin sat
eu sunt sătul
Sunt sătul.

Bringen Sie uns bitte ...
bringăn zii uns bită
aduceți dvs. nouă vă-rog
Aduceți-ne, vă rog, ...

Ich hätte gerne ...
ih hetă ghe[a]nă
eu aș-avea plăcere
Aș dori ...

die Speisekarte meniul	**Apfelsaft** suc de mere
etwas Brot puțină pâine	**Orangensaft** suc de portocale
etwas Öl puțin ulei	**einen Rotwein** un vin roșu
Salz und Pfeffer sare și piper	**einen Weißwein** un vin alb
das Tagesgericht meniul zilei	**ein kaltes Bier** o bere rece
einen Sprudel o apă minerală	**einen Tee** un ceai
ein Wasser o apă	**einen Kaffee** o cafea

Haben Sie schon gewählt?
haabăn zii șoon găveelt
ați dvs. deja ales
Ați ales deja ceva?

Möchten Sie etwas zum Trinken?
möhtăn zii etvas tsum trinkăn
doriți dumneavoastra ceva a bea
Doriți ceva de băut?

Haben Sie vegetarische Gerichte?
haabăn zii veghetaarișă gărihtă
aveți dvs. vegetariene mâncaruri
Aveți mâncare vegetariană?

Ich möchte Spätzle mit Zwiebeln.
ih möhtă șpetslă mit tsviibăln
eu doresc Spätzle cu cepe
Aș dori Spätzle cu ceapă.

Leider haben wir das heute nicht.
laid[a] haabăn vi[a] das hoită niht
din-păcate avem noi aceasta astăzi nu
Din păcate, astăzi nu avem.

Dann nehme ich eine Lasagne.
dan neemă ih aină lazaniă
atunci iau eu o lasagne
Atunci voi lua o lasagne.

Sind Sie fertig?
zint zii fe[a]tih
sunteți dvs. gata
Sunteți gata?

Hat es geschmeckt?
hat ăs gășmekt
a asta gust
V-a plăcut?

Ja, sehr gut.
iaa zee[a] guut
da, foarte bun
Da, a fost foarte bun.

Möchten Sie einen Nachtisch?
möhtăn zii ainăn naahtiș
doriți dumneavoastra un după-masă
Doriți un desert?

Ja, für mich ...
iaa fü[a] mih ...
da, pentru mine ...
Da, pentru mine ...

Nein, danke.
nain dankă
nu, mulțumesc
Nu, mulțumesc.

ein kleines Eis	o îngețată mică
einen Cappucino	un cappucino
einen Espresso	o cafea espresso
einen Eiskaffee	o cafea frappé
einen Kaffee mit Milch	o cafea cu lapte
einen schwarzen Kaffee	o cafea neagră
einen Tee	un ceai

Bonul / Nota de plată

În general, nota de plată într-un restaurant se achită separat de fiecare consumator.

Können wir bitte zahlen?
könăn viᵅ bită tsaalăn
putem noi va-rog plăti
Putem să plătim, vă rog?

Kann ich bitte zahlen?
kan ih bită tsaalăn
pot eu va-rog plăti
Pot să plătesc, vă rog?

Die Rechnung bitte!
dii rehnunk bită
acest bon va-rog
Nota de plată, vă rog.

Zahlen Sie zusammen oder getrennt?
tsaalăn zii tsuzamăn oodᵅ gătrent
plătiți dvs. împreună sau separat
Doriți să plătiți împreună sau separat?

Alles zusammen.
ales tsuzamăn
tot împreună
Plătim împreună.

Das macht ... Euro.
das maht ... oiro
asta face ... Euro
Asta costă ... Euro.

Kann ich mit Karte zahlen?
kan ih mit kaa^{r}tă tsaalăn
pot eu cu card plăti
Pot să plătesc cu cardul?

Raspunsuri posibile:

Natürlich.
natüü^{a}lih
desigur
Desigur.

Leider nicht.
laid^a niht
din-păcate nu
Nu, din păcate.

Es stimmt so.
ăs știmt zoo
asta este-exact așa
E bine așa.

La înghețată

Für mich ein Eis mit zwei Kugeln.
fü^a mih ain ais mit tsvai kuugăln
pentru mine o înghețată cu doi bile
Pentru mine o înghețată cu doi bile.

Im Becher oder im Hörnchen?
im beh^a ood^a im hö^{a}n-hăn
la pahar sau la cornet
La pahar sau în cornet de biscuit?

Bitte im Becher.
bită im beha^r
va-rog la pahar
La pahar, vă rog.

Das macht drei Euro.
das maht drai oiro
asta face 3 Euro
Costă 3 Euro.

Vielen Dank.
fiilăn dank
multă mulțumire
Mulțumesc frumos.

der Becher, = pahar	**die Kugel, -n** bilă de îngețată
das Hörnchen, = cornet de biscuit	**die Waffel, -n** biscuit

Cazarea într-o pensiune

De obicei în hotelurile mari se vorbește și limba engleză. În orașele sau hoteluri mici se vorbește numai limba germană.

Haben Sie ... ?
haabăn zii ...
aveți dvs. ...
Aveți ... ?

Ich möchte ...
ih möhtă ...
eu doresc ...
Aș dori ...

Wir möchten ...
via möhtăn ...
noi dorim ...
Am dori ...

... ein freies Zimmer	o cameră liberă
... ein Einzelzimmer	o cameră de o persoană
... ein Doppelzimmer	o cameră de două persoane
... für eine Nacht	pentru o noapte
... für drei Nächte	pentru trei nopți
... eine Ferienwohnung	un apartament de vacanţă
... ein Ferienhaus	o căsa de vacanţă

Wieviel kostet eine Übernachtung?
vifiil kostăt aină üüb^{a}nahtunk
cât costă pe noapte
Cât costă o cameră pe noapte?

Ist das Frühstück inbegriffen?
ist das früüștük inbăgrifăn
este aceasta mic-dejun înclus
Micul dejun este înclus în preț?

Wie lange möchten Sie bleiben?
vii langă möhtăn zii blaibăn
cât mult-timp doriți dvs. rămâne
Cât doriți să rămâneți?

Wo ist das Bad?
voo ist das baat
unde este aceasta baiă
Unde este baia?

Wo ist die Toilette?
voo ist dii toaletă
unde este aceasta toaletă
Unde este toaleta?

Können Sie mich um ... Uhr wecken?
könăn zii mih um ... uu^{a} vekăn
puteți dvs. mă la ... oră trezi
Puteți să mă treziți la ora ...?

Wo können wir frühstücken?
voo könăn vii^{a} früüștükăn
unde putem noi mic-dejun-lua
Unde putem să luăm micul dejun?

Es fehlt ... Lipsește ...	
ein Bett un pat	**Seife** săpun
eine Decke o pătură	**Toilettenpapier** hârtie igienică
ein Laken un cearșaf	**kaltes Wasser** apă rece
ein Kissen o pernă	**warmes Wasser** apă caldă
ein Handtuch un prosop	**der Schlüssel** cheia

Gospodăria

Majoritatea persoanelor care au o vârstă înaintată au nevoie de ajutor în gospodărie (menaj în casă, ajutor în bucătărie, unele persoane în vârstă duc hainele la spălătorie / călcătorie dar foarte mulți au nevoie și de un grădinar).

Können Sie das bitte bügeln?
könăn zii das bită büügăln
puteți dvs. aceasta va-rog călca
Vă rog să călcați aceasta.

Können Sie das bitte putzen?
könăn zii das bită putsăn
puteți dvs. aceasta va-rog curăța
Vă rog să curățați aceasta.

Ich putze die Küche.
ih putsă dii kühă
eu curăț aceasta bucătărie
Eu fac curat în bucătărie.

Wie funktioniert die Waschmaschine?
vii funktsionii[a]t dii vașmașiină
cum funcționează aceasta spălat-mașină
Cum funcționează mașina de spălat?

In magazine se găsesc foarte multe produse pentru curățenie în gospodărie. Prin urmare, este foarte important, ca înainte de a pune în folosință aceste produse, să se citească cu foarte multă atenție instrucțiunile de folosire, deoarece acestea au substanțe foarte tari și pot provoca daune şi accidente ca de exemplu arsuri, otrăviri, alunecat.

Abfall, der, Abfälle	gunoi, resturi
Abfluss, der, Abflüsse	sifon de scurgere
(ab)spülen, spült (ab), hat (ab)gespült	a spăla vasele
abtrocknen, trocknet ab, hat abgetrocknet	a usca
(ab)wischen, wischt (ab), hat (ab)gewischt	a șterge
aufräumen, räumt auf, hat aufgeräumt	a face ordine
aufwischen, wischt auf, hat aufgewischt	a șterge pe jos
Badewanne, die, -n	cadă
Bettlaken, das, =	cearșaf
Bettwäsche, die, -n	lenjerie de pat
Besen, der, =	mătură
Bügeleisen, das, =	fier de călcat
bügeln, bügelt, hat gebügelt	a călca
Ecke, die, -n	colț
Fleck, der, -en	pată
Kehrschaufel, die, -n	făraș
Kopfkissen, das, =	pernă de cap

Lappen, der, =	cârpă
Müll, der, -	gunoi
Müllabfuhr, die, -en	salubritatea
ordentlich	ordonat
putzen, putzt, hat geputzt	a curăța
Reinigungstablette, die, -n	tablete de curățat
sauber	curat
Schere, die, -n	foarfecă
schleudern, schleudert, hat geschleudert	a centrifuga
Schmutz, der, -	murdărie
schrubben, schrubbt, hat geschrubbt	a freca cu peria
Schwamm, der, Schwämme	burete
Spüle, die, -n	chiuvetă de bucătărie
spülen, spült, hat gespült	a clăti
Staub, der, Stäube	praf
Staubsauger, der, =	aspirator
Staubtuch, das, -tücher	cârpă de praf
Unordnung, die, -en	dezordine
waschen, wäscht, hat gewaschen	a spăla
Waschmaschine, die, -n	mașină de spălat
Waschmittel / Waschpulver, das, =	detergent
Wasserhahn, der, -hähne	robinet
Weichspüler, der, =	soluție de clătit
wischen, wischt, hat gewischt	a șterge
Wäsche, die, -n	rufe
Wäscheklammer, die, -n	cârlig de rufe
Wäschetrockner, der, =	uscător de rufe

În casă

Abstellraum, der, -räume	debara
Aufzug, der, Aufzüge	lift
Ausgang, der, Ausgänge	ieșire
Bad, das, Bäder	baie
Dach, das, Dächer	acoperiș
Dachgeschoss, das, -e, Dachwohnung, die, -en	mansardă (locuibilă)
Decke, die, -n	plafon
Dusche, die, -n	cabină de duș
Eingang, der, Eingänge	intrare
einrichten, richtet ein, hat eingerichtet	a amenaja, a mobila
Erdgeschoss, das, -e	parter
Esszimmer, das, =	sufragerie
Etage, die, -n	etaj
Fenster, das, =	fereastră
Fensterladen, der, -läden	oblon
Fliese, die, -n	gresie
Flur, der, -e	coridor
Fußboden, der, -böden	podea
Fußbodenheizung, die, -en	încălzire prin podea
Garage, die, -en	garaj
Garten, der, Gärten	grădină
Gäste-WC, das, -s	WC de serviciu
Heizung, die, -en	încălzire
Hof, der, Höfe	curte
Keller, der, =	subsol

Kinderzimmer, das, =	camera copilului
Kochnische, die, -n	nișă pentru gătit
Küche, die, -n	bucătărie
Licht, das, -er	lumină
Mauer, die, -n	zid
Mieter, der, =	chiriaș
Möbel, die *(pl)*	mobilă
Obergeschoss, das, -e	etaj superior
renovieren, renoviert, hat renoviert	a renova
Schlafzimmer, das, =	dormitor
Schlüssel, der, =	cheie
Speicher, der, =	pod
Stellplatz, der, -plätze	loc de parcare
Stock, der, Stockwerke	etaj
Stufe, die, -n	treaptă
Terrasse, die, -n	terasă
Tiefgarage, die, -n	garaj la subsol
Tor, das, -e	poartă
Treppe, die, -n	scară
Treppenhaus, das, -häuser	casa scării
Trockenraum, der, -räume	uscător
Tür, die, -en	ușă
umziehen, zieht um, ist umgezogen	a se muta
Unterkunft, die, -künfte	găzduire
Wand, die, Wände	perete
Warmmiete, die, -n	chirie, incl. încălzirea
Waschküche, die, -n	spălătorie la subsol
Wintergarten, der, -gärten	terasă închisă
Zaun, der, Zäune	gard

Articole de bucătărie

Abfalleimer, der, =	găleată de gunoi
Backofen, der, -öfen	cuptor
Beutel, der, =	sacoșă, pungă
Bratpfanne, die, -n	tigaie
Brotschneidemaschine, die, -n	mașină de tăiat pâine
Allesschneider, der, =	mașină de tăiat de toate
Deckel, der, =	capac
Dose, die, -n	cutie de metal
Dosenöffner, der, =	desfăcător de conserve
Dunstabzugshaube, die, -n	hotă
Eierkocher, der, =	fierbător de ouă
Eimer, der, =	găleată
Gefrierschrank, der, -schränke	congelator
Gefriertruhe, die, -n	ladă frigorifică
Geschirr, das, -	vase
Grill, der, -s	grătar
Herd, der, -e	plită/aragaz
Kaffemaschine, die,-	mașină de cafea
Kochtopf, der, -töpfe	cratiță
Kühlschrank, der, -schränke	frigider
Mikrowelle, die, -n	cuptor cu microunde
Mülleimer, der, =	găleată de gunoi
Mülltüte, die, -n	pungă de gunoi
Ofen, der, Öfen	sobă
Papierkorb, der, -körbe	coș de hârtii
Pfanne, die, -n	tigaie

Regal, das, -e	raft
Scheuersand, der, -	praf de curățat
Schneidebrett, das, -er	tocător
Schrank, der, Schränke	dulap
Sieb, das, -e	sită / strecurătoare
Spülmaschine, die, -n	mașină de spălat vase
Spülmittel, das, =	detergent de vase
Stabmixer, der, =	mixer pentru pasat mâncarea
Tiefkühltruhe, die, -n	congelator
Toaster, der, =	prăjitor de pâine
Topf, der, Töpfe	oală, cratiță
Tüte, die, -n	pungă
Wasserkocher, der, =	fierbător pentru apă

Tacâmuri

Becher, der, =	pahar
Flasche, die, -n	sticlă
Gabel, die, -n	furculiță
Gedeck, das, -e	tacâm
Glas, das, Gläser	pahar, borcan
Löffel, der, =	lingură
Messer, das, =	cuțit
Schöpfkelle, die, -n	polonic
Serviette, die, -n	șervețel
Tasse, die, -n	ceașcă
Teelöffel, der, =	linguriță
Teller, der, =	farfurie
Untertasse, die, -n	farfurioară

Îngrijire de vârstnici

Multe familii încearcă să-și îngrijească părinții, membrii de familie bolnavi cât mai mult timp în casa lor particulară, înainte de ai trimite la casa de bătrâni. De aceea angajează femei din străinătate prin firme specializate pentru îngrijirea acestora. Atenție: de cele mai multe ori se așteaptă ca aceste îngrijitoare să fie la dispoziție „24 de ore pe zi din 24“ – îngrijire permanentă!

Die Hosen müssen auf die Kleiderbügel.
dii hoozăn müsăn auf dii klaid[a]büügăl
pantaloni trebuie pe umeraș
Pantalonii trebuie puși pe umeraș.

Ich stelle den Wecker.
ih ștelă deen vek[a]
eu pun ceasul deșteptător
Eu potivesc ceasul deșteptător.

Ich mache das Bett.
ih mahă das bet
eu fac patul
Eu fac patul.

Ich gehe jetzt ins Bett.
ih gheeă ietst ins bet
eu merg acum în pat
Mă duc să mă culc.

În Germania sunt foarte multe lucruri care îți ușurează îngrijirea acestor persoane.

anbieten, bietet an, hat angeboten	a oferi
anfangen, fängt an, hat angefangen	a începe
anregen, regt an, hat angeregt	a stimula, a încuraja

Antidekubituskissen, das, =	pernă antiescara cu gel / pernă ortopedică antidecubit
Antidekubitusmatratze, die, -n	saltea ortopedică cu aer antiescara
Anziehhilfe (für Socken und Kompressionsstrümpfe), die, -n	dispozitiv de tras (șosetele și ciorapii compresivi)
aufhören, hört auf, hat aufgehört	a înceta
aufmuntern, muntert auf, hat aufgemuntert	a încuraja
aufklappbare Nachttisch, der, -e	noptieră cu tabletă
aufwachen, wacht auf, ist aufgewacht	a se trezi
ausfahrbare Rampe, die, -n	rampă specială
Badewannenlift, der, -e	lift pentru cada de baie
Badewannensitz, der, -e	scaun pentru cada de baie
beeilen (sich), beeilt sich, hat sich beeilt	a se grăbi
befolgen, befolgt, hat befolgt	a îndeplini
beenden, beendet, hat beendet	a termina
Bett, das, -en	pat
Bettgalgen, der, =	triunghi de susținere la pat
Bettgitter, das, =	grilaj de pat
bettlägerig	pacient imobilizat la pat
Bettpfanne, die, -n	oală de noapte
bequem	comod
bitten, bittet, hat gebeten	a ruga

blind	orb
Blutdruckmessgerät, das, -e	tensiometru
Blutzuckermessgerät, das, -e	glucometru
Brille, die, -n	ochelari
Couch, die, -en	sofa
Decke, die, -n	cuvertură
Dekubitus, der, =	escară
Desinfektionsmittel, das, =	dezinfectant antiseptic
desorientiert	dezorientat
drehen, dreht, hat gedreht	a întoarce
Duschstuhl mit Lehne, der, -stühle	scaun pentru duș cu spătar
eincremen, cremt ein, hat eingecremt	a unge cu cremă
einschlafen, schläft ein, ist eingeschlafen	a adormi
Ellenbogenbandage, die, -n	cotieră / orteză pentru cot
erlauben, erlaubt, hat erlaubt	a permite
fallen, fällt, ist gefallen	a cădea
Fernbedienung, die, -en	telecomandă
Fernseher, der, =	televizor
fertig	gata
Gardine, die, -n	perdea
Gartenmöbel, die *(pl)*	mobilă de grădină
Gehstocke, der, -stöcke	baston
gehorchen, gehorcht, hat gehorcht	a asculta
gelähmt	paralizat
gemütlich	comod

Gilchristverband, der, -verbände	suport pentru susținerea brațului
Haftcreme für Zahnprothese, die, -s	fixator de proteză dentară
Halskrause, die -n	orteză/guler cervical
Haltestange, die, -n	mâner pentru sprijin
Handschuh, der, -e	mănușă de examinare
hart	tare
helfen, hilft, hat geholfen	a ajuta
Inhaliergerät, das, -e	nebulizator cu minicompresor
kämmen (sich), kämmt, hat gekämmt	a (se) pieptăna
Klappbett, das, -en	pat de companie
Kniebandage, diem -n	genunchieră / orteză pentru genunchi
Kompressionsstrümpfe, die *(pl)*	ciorapii compresivi
Kontraktur, die, -en	contracție
Korsett, das, -s	centură lombală
körperbehindert	cu handicap fizic
lagern, lagert, hat gelagert	a întoace lateral
lassen, lässt, hat gelassen	a lăsa
loben, lobt, hat gelobt	a lăuda
Matratze, die, -n	saltea
Medikamentenmörser, der, =	zdrobirea medicamentelor
Medikamententeiler, der, =	dispozitiv de tăiat pastile
mitarbeiten, arbeitet mit, hat mitgearbeitet	a colaborat, a cooperat
Molton, das, -s	aleză pătură

Nachtisch, der, -e	noptieră
Nagelknipser, der, =	unghieră
Nagelschere, die, -n	foarfacă de unghii
Nierenschale / Spuckschale, die, -n	tavă renală pentru vomitat
Notrufknopf, der, -knöpfe	buton de urgență
Ohrenstöpsel, der, =	dopuri pentru urechi
orientiert	orientat
Pflegebett (elektrisches), das, -en	pat electic de îngrijit
Pütterverband, der, -verbände	bandaj elastic
Radio, das, -s	radio
Regal, das, -e	raft
Reinigungstablette	tablete de curațat
(für Zahnprothese), die, -n	(proteza dentară)
Rollator, der, -en	rolator
Rolläden, die *(pl)*	jaluzele
Rollstuhl, der, -stühle	cărucior cu rotile pliant
Sofa, das, -s	canapea
Spiegel, der, =	oglindă
Stuhl, der, Stühle	scaun
stumm	mut
stürzen, stürzt, ist gestürzt	a cădea
Teppich, der, -e	covor
Thrombosestrumpf, der, -strümpfe	ciorapi elastici de compresie
Tisch, der, -e	masă
Toilette, die, -n	toaletă, wc
Toilettenstuhl, der, -stühle	scaun de toaletă
Toilettensitzerhöhung, die, -en	înălțător pentru vas de toaletă

Transfer, der, -s	trecere, transfer
Unterarmgehstütze, die, -n	cârjă cu sprijin pe antibraț
unterbrechen, unterbricht, hat unterbrochen	a întrerupe
Urinbeutel, der, =	pungă colectoare urinară
Urinflasche, die, -n	urinar din plastic pentru bărbați
Vase, die, -n	vază
verbieten, verbietet, hat verboten	a interzice
verhindern, verhindert, hat verhindert	a împiedica
verlangen, verlangt, hat verlangt	a cere
Vierpunktgehstütze, die, -n	baston ortopedic cu 4 puncte de susținere
vorschlagen, schlägt vor, hat vorgeschlagen	a propune
Zahnprothese, die, -n	proteză dentară
Zeitung, die, -en	ziar
zwingen, zwingt, hat gezwungen	a forța, a constrânge
Waage, die, -n	cântar de diagnostic
waschen, wäscht, hat gewaschen	a spăla
Windel, die, -n	absorbante pentru adulți

Geben Sie mir die Hand.
gheebăn zii mi[a] dii hant
dați dvs. mă aceasta mână
Dați-mi mâna.

Bitte machen Sie mit.
bită mahăn zii mit
va-rog faceți dvs. (cu)
Vă rog să cooperați.

Ich möchte Sie nach rechts / nach links / auf den Rücken lagern.

ih möhtă zii naah rehts / naah links / auf deen rükăn laag^an

eu doresc dvs. la dreapta / stânga / spate întoarce

Vreau să vă întorc la dreapta / la stânga / pe spate.

Ich werde Ihnen helfen, aufrecht zu sitzen.

ih ve^adă iinăn helfăn aufreht tsuu zitsăn

eu voi vă ajuta, drept a sta

Am să vă ajut să stați drept.

Ich helfe Ihnen beim Aufstehen / Waschen.

ih helfă iinăn baim auf-șteeăn / vașăn

eu ajutor dumneavoastă la ridicat / spălat

Eu vă ajut să vă ridicați / să vă spălați.

Müssen Sie auf die Toilette?

müsăn zii auf dii toiletă

trebuie dvs. pe aceasta toaletă?

Trebuie să mergeți la WC?

Ich möchte Sie nur noch untenherum waschen.

ih möhtă zii nu^a noh untănhărum vașăn

eu vreau dvs. acum înca inferioară spăla

Aș dori să vă spăl partea inferioară.

Ich bin schon fertig.

ih bin șoon fe^atih

eu sunt deja gata

Sunt gata imediat.

Igiena corporală

abtrocknen (sich), trocknet sich ab, hat sich abgetrocknet	a se sterge
Bad, das, Bäder	baie
baden, badet, hat gebadet	a face baie
Badetuch, das, -tücher	prosop de baie
Badewanne, die, -n	cadă
duschen, duscht, hat geduscht	a face duș
Frisur, die, -en	coafură
Fußpflege, die, -n	pedichiură
Gästehandtuch, das, -tücher	prosop pentru oaspeți
Geruch, der, Gerüche	miros
Gesicht, das, -er	față
Gesichtscreme, die, -s	cremă de față
Haar, das, -e	păr
Haarbürste, die, -n	perie de păr
Haartrockner, der, =	uscător de păr
Handcreme, die, -s	cremă de mână
Handtuch, das, -tücher	prosop
Haut, die, Häute	piele
Intimbereich, der, -e	zona intimă
Kamm, der, Kämme	pieptene
kämmen (sich), kämmt sich, hat sich gekämmt	a pieptăna
Kernseife, die, -n	săpun de casă
Körperlotion, die, -en	loțiune de corp
lauwarm	călduț
Mundwasser, das, -wässer	apă de gură
Ohrstäbchen, das, =	bețișoare pentru urechi
Pipi machen, machte Pipi, hat Pipi gemacht	face pipi

rasieren (sich), rasiert sich, hat sich rasiert	a se bărbieri
Rasierapparat, der, -e	aparat de bărbierit
Rasiercreme, die, -s	cremă de bărbierit
Rasierschaum, der, -schäume	spumă de bărbierit
Rasierwasser, das, -wässer	apă de bărbierit
schneiden, schneidet, hat geschnitten	a tăia
Seife, die, -n	săpun
Shampoo, das, -s	șampon
Stuhlgang haben, hat St., hat St. gehabt	„treaba mare"
Taschentuch, das, -tücher	batistă de hârtie / șervețele nasale
Toilettenpapier, das, -e	hârtie igienică
Urin lassen, lässt Urin, hat Urin gelassen	a urina
Wachbecken, das, =	chiuvetă
waschen (sich), wäscht sich, hat sich gewaschen	a (se) spăla
Waschlappen, der, =	mănușă de spălat
Wasserhahn, der, -hähne	robinet
Watte, die, -	vată
wischen, wischt, hat gewischt	a șterge
Zahn, der, Zähne	dinte
Zahnbürste, die, -n	periuță de dinți
Zähne putzen, putzt, hat geputzt	a se spăla pe dinți
Zahnpasta, Zahncreme, die, -s	pastă de dinți
Zahnseide, die, -n	fir de mătase pentru dinți, ață dentară

Dialog: Îngrijire la domiciliu

Guten Morgen, Frau Schmidt.
guutăn moᵃgăn frau șmit
bună dimineață, doamna Schmidt
Bună dimineața, doamna Schmidt.

Guten Morgen, Frau Filipescu.
guutăn moᵃgăn frau filipesku
bună dimineață, doamna Filipescu
Bună dimineața, doamna Filipescu.

Haben Sie gut geschlafen?
haabăn zii guut gășlaafăn
ați dvs. bine dormit
Ați dormit bine?

Nein, ich hatte Schmerzen im rechten Bein.
nain, ih hată șmeᵃtsăn im rehtăn bain
nu, eu aveam durere în drept picior
Nu, m-a durut piciorul drept.

Darf ich mal sehen?
daaʳf ih maal seeăn
pot eu dată vedea
Pot să văd?

Ja, gerne.
iaa gheᵃnă
da, plăcere
Da, cu plăcere.

Helfen Sie mir bitte auf die Toilette.
helfăn zii miᵃ bită auf dii toiletă
ajutați dvs. mie va-rog pe aceasta toaletă
Ajutați-mă vă rog la toaletă.

Brauchen Sie Hilfe beim Waschen?
brauhăn zii hilfă baim vașăn
nevoie dvs. ajutor la spălat
Aveți nevoie de ajutor la spălat?

Nein, es geht schon.
nain ăs gheet șoon
nu, asta merge deja
Nu, nu am nevoie.

Ich helfe Ihnen jetzt beim Anziehen.
ih helfă iinăn ietst baim antsiin
eu ajut acum la îmbrăcat
Eu vă ajut să vă îmbrăcați.

Möchten Sie die blaue Bluse oder die weiße?
möhtăn zii dii blauă bluuză ood[a] dii vaisă
doriți dvs. albastră bluză sau bluza albă
Preferați bluza albastră sau bluza albă?

Heute hätte ich lieber die blaue Bluse.
hoită hetă ih liib[a] dii blauă bluuză
astăzi vreau eu mai bine bluza albastră
Astăzi, eu prefer bluza albastră.

Sie müssen noch die Kompressionsstrümpfe anziehen.
zii müsăn noh dii kompresions-ștrümpfă antsiiăn
dvs. trebuie încă compresiune-ciorapi îmbrăcat
Trebuie să vă îmbrăcați ciorapii compresivi.

Ich mache Ihnen jetzt das Frühstück.
ih mahă iinăn ietst das früüștük
eu fac vă acum acest mic-dejun
Acum vă pregătesc micul dejun.

Wollen Sie Kaffee mit Milch, wie immer?
volăn zii kafee mit milh vii im[a]
vreți dvs. cafea cu lapte, cum mereu
Doriți cafea cu lapte, ca întotdeauna?

Ja, gerne.
iaa ghe[a]nă
da, plăcere
Da, cu plăcere.

Biserică

În Germania se retrag taxe procentuale (aprox. 8 %) din salarul lunar al muncitorului **(Kirchensteuer)** numai pentru membrii din Biserica evanghelică şi cea catolică.

Abschied, der, -e	rămas bun
Abschiedsraum, der, -räume	cameră mortuală
Altar, der, -e	altar
Beileid, das, -	condoleanțe
beten, betet, hat gebetet	a se ruga
Christ, der, -en	creștin
evangelisch	evanghelic
Engel, der, =	înger
fasten, fastet, hat gefastet	a posti
gestorben	a murit
Glaube, der, -	credință
Glocke, die, -n	clopot
Gott (der)	Dumnezeu
Gottesdienst, der, -e	slujbă
Grab, das, -er	mormânt
heilig	sfânt

Himmel, der, =	cer
Hölle, die, -n	iad
Kapelle, die, -n	capelă
katholisch	catolic
Kerze, die, -n	lumânare
Kloster, das, Klöster	mănăstire
Kommunion, die, -en	comuniune (la catolici)
Konfirmation, die, -en	confirmare (la evanghelici)
Kreuz, das, -e	Cruce
Mitgefühl, das, -e	compasiune
Nonne, die, -n	călugăriță
orthodox	ortodox
Pastor, der, -en	preot (evanghelic)
Pfarrer, der, =	preot
Seele, die, -n	suflet
Sünde, die, -n	păcate
Teelicht, das, -er	lumânărele
Teufel, der, =	diavol
Trauer, die, -	doliu
trösten, tröstet, hat getröstet	consolare
Vaterunser, das, =	Tatăl nostru
Wunder, das, =	minune

Sărbători religioase și tradiții

Advent, der	perioada crăciunului
Adventskranz, der	cunună din ramuri de brad
Aschermittwoch, der	Miercurea cenușie
Christi Himmelfahrt, die	înălțarea Domnului
Dreikönigsfest, das	6 ianuarie / Boboteaza
Heiligabend, der	seara de Ajun
Karfreitag, der	Vinerea Mare

Karneval, der	Carnavalul
Kirchweih, Kirmes, die	sărbătoarea Hramului
Ostern, das	paște
Weihnachtsmarkt, der	târgul tradițional de crăciun
Weihnachten, das	Crăciunul
Weihnachtsbaum, der	bradul de iarnă
Weihnachtskrippe, die	Ieslea Mântuitorului
Weihachtslieder, die *(pl)*	colinde de crăciun

Das Vaterunser: Rugăciunea Tatăl nostru

Vater unser im Himmel, Geheiligt werde dein Name. Dein Reich komme. Dein Wille geschehe, wie im Himmel, so auf Erden.	Tatăl nostru Care ești în ceruri, sfințească-se numele Tău, vie împărăția Ta, fie voia Ta, precum în cer așa și pe Pământ.
Unser tägliches Brot gib uns heute. Und vergib uns unsere Schuld, wie auch wir vergeben unseren Schuldigern.	Pâinea noastră cea de toate zilele, dă-ne-o nouă astăzi, și ne iartă nouă greșelele noastre precum și noi iertăm greșiților noștri
Und führe uns nicht in Versuchung, sondern erlöse uns von dem Bösen.	și nu ne duce pe noi în ispită, ci ne izbăvește de cel rău.
Denn dein ist das Reich und die Kraft und die Herrlichkeit in Ewigkeit. Amen.	Că a Ta este împărăția și puterea și mărirea, acum și pururea și în vecii vecilor. Amin.

Vremea

Încălzirea locuințelor în Germania se face pe bază de gaz, ulei, lemne, panouri solare, rumeguș presat și curent.

Es sind ... Grad.
ăs zint ... graat
asta sunt ... grad
Sunt .... grade.

Mir ist heiß/kalt.
mi[a] ist hais / kalt
îmi este cald/frig
Îmi este cald/frig.

Es regnet draußen.
ăs reegnăt drausăn
asta plouă afară
Afară plouă.

Wie wird das Wetter ...
vii vi[a]t das vet[a] ...
cum devine acest vreme ...
Cum o să fie vremea ...

... morgen?
... mo[a]găn
... mâine
... mâine?

... am Wochenende?
... am vohăn-endă
... la săptămână-sfârșit
... la sfârșit de săptămână?

bewölkt	înnorat
Blitz, der, -e	fulger
Donner, der, =	tunet
Eis, das, =	gheață
feucht	umed
Frost, der, Fröste	ger
Gewitter, das, =	furtună
Hagel, der, -	grindină
heiß	cald
kalt	frig
Mond, der, -e	lună

nass	ud
Nebel, der, =	ceață
Regen, der, -	ploaie
Regenbogen, der, -bögen	curcubeu
Reif, der, -	brumă
Schnee, der, -	zăpadă
Schneeregen, der, -	lapoviță
Sturm, der, Stürme	furtună
Sonne, die, -n	soare
Sonnenschein, der, -	lumina solară
sonnig	însorit
Temperatur, die, -en	temperatură
trocken	uscat
Überschwemmung, die, -en	inundație
warm	cald
Wind, der, -e	vânt
Wolke, die, -n	nor
Sonnenaufgang, der, -gänge	răsăritul soarelui
Sonnenuntergang, der, -gänge	apusul soarelui

Poşta, Bani, Bancă

Fiecare cetățean german are un cont curent în care i se virează salariul din care se efectuează ordinele de plată etc. Sumele de bani se fac in mare parte prin transfer între bănci.

Ich möchte ein Girokonto eröffnen.
ih möhtă ain giirookontoo e^{a}-öfnăn
eu doresc un cont curent deschide
Doresc să deschid un cont curent.

Ich möchte eine Überweisung machen.
ih möhtă aină üüb^{a}vaizunk mahăn
eu doresc un transfer face
Doresc să fac un transfer de bani.

Wo bekomme ich einen Kontoauszug?
voo băkomă ih ainăn kontoo-austsuuk
unde primesc eu un extras de cont
De unde pot să iau un extras de cont?

Ich möchte von meinem Konto ... Euro abheben.
ih möhtă fon mainăm kontoo ... oiro ap-heebăn
eu doresc din meu cont ... Euro retrag
Doresc să retrag din contul meu ...Euro.

Wo gibt es eine Wechselstube?
voo ghiipt ăs aină veksălștuubă
unde este o schimb-casă valutar
Unde este o casă de schimb valutar?

Können Sie mir sagen, wo man hier Geld wechseln kann?
könăn zii mi^{a} zaagăn voo man hii^{a} ghelt veksăln kan
puteți dvs. îmi zice, unde aici bani schimba pot
Puteți să îmi spuneți, unde pot să schimb bani?

Wie ist der heutige Wechselkurs?
vii ist de^{a} hoitigă veksălkurs
cum este de azi cursul valutar de schimb
Care este cursul valutar al zilei?

Wie hoch sind die Gebühren?
vii hooh zint dii găbüürăn
cum înalt sunt aste taxe
Cât este comisionul?

Könnte ich das bitte in Euro wechseln?
köntă ih das bită in oiro veksăln
aș putea eu asta va-rog în Euro schimba
Vă rog, pot să schimb acești bani în Euro?

abheben, hebt ab, hat abgehoben	a retrage bani din cont
abzahlen, zahlt ab, hat abgezahlt	a plăti in rate
ausgeben, gibt aus, hat ausgegeben	a cheltui
Bank, die, -en	bancă
Betrag, der, Beträge	sumă
Brieftasche, die -n	portofel
Bankkarte, die, -n	cardul bancar
einzahlen, zahlt ein, hat eingezahlt	a depune
Empfänger, der, =	destinatar
Gebühren, die *(pl)*	taxe bancare
Geld, das, -er	bani
Geldautomat, der, -en	bancomat
Geldbörse, die, -n	portofel
Geldschein, der, -e	bancnotă
Girokonto, das, -s	cont curent
Handtasche, die, -n	poșetă
Kleingeld, das, -er	mărunțiș
Kontoauszug, der, -züge	extras de cont
Kontoinhaber, der, =	titularul contului

Kontonummer, die, -n	numărul de cont
Münze, die, -n	monedă
Onlinebanking, das, -	bancă pe net
Portemonnaie, das, -s	portofel
Rechnung, die, -en	socoteală
Sparkasse, die, -n	casa de economii
Sparkonto, das, -s	contul de economii
Steuer, die, -n	impozit
Unterschrift, die, -en	semnătură
Überweisung, die, -en	virament bancar / transfer
Verwendungszweck, der, -e	scopul
Wechselstube, die, -n	birou de schimb valutar
Wechselkurs, der, -e	curs de schimb valutar
zahlen, zahlt, hat gezahlt	a plăti

Poșta

Wo ist die nächste Post?
voo ist dii nehstă post
unde este următoarea poștă
Unde este cel mai apropiat oficiu poștal?

Sagen Sie mir bitte, wo es einen Briefkasten gibt.
zaagăn zii mi[a] bită voo ăs ainăn briifkastăn ghiipt
zice dvs. mie va-rog unde asta o cutie-postală există
Vă rog să-mi spuneți unde există o cutie poștală?

Ich habe einen Brief nach Rumänien.
ih haabă ainăn briif naah rumeeniăn
eu am o scrisoare pentru România
Am o scrisoare pentru România.

Ich möchte dieses Paket nach Rumänien schicken.
ih möhtă diizăs pakeet naah rumeeniăn șikăn
eu doresc acest pachet în România trimite
Aș dori să trimit acest pachet în România .

Ich möchte ein Paket abholen.
ih möhtă ain pakeet aphoolăn
eu doresc un pachet ridica
Aș dori să ridic un pachet.

Haben Sie Ihren Ausweis dabei?
haabăn zii iirăn ausvais dabai
aveți dvs. dvs. legitimație (la)
Aveți o carte de identitate la dumneavoastră?

Ich hätte gerne 10 (zehn) Briefmarken zu 90 (neunzig) Cent.
ih hetă ghe^{a}nă tseen briifmaa^{r}kăn tsuu nointsih (90) tsent
eu aș-dori plăcere 10 timbre de 90 cent
Aș dori să cumpăr 10 timbre de 90 de cenți.

Ich möchte Geld nach Rumänien schicken.
ih möhtă ghelt naah rumeeniăn șikăn
eu doresc bani la România trimite
Aș vrea să trimit bani în România.

Adresse, die, -n	adresă
Brief, der, -e	scrisoare
Briefmarke, die, -n	timbru
Briefumschlag, der, -schläge	plic
Einschreiben, das, =	recomandat
Päckchen, das, =	pachet mic
Paket, das, -e	pachet

Postkarte, die, -n	carte poștală
Postleitzahl, die, -en	codul poștal
Straße, die, -n	stradă
Quittung, die, -en	chitanță
Wohnort, der, -e	localitate

Comunicații

Prefixul din Germania pentru România este 0040 și din România pentru Germania este de 0049.

Wo kann ich hier telefonieren?
voo kan ih hii[a] telăfooniirăn
unde pot eu aici telefona
De unde pot să telefonez?

Wie ist die Vorwahl nach ... ?
vii ist dii fo[a]vaal naah
care este prefix la ...
Care este prefixul pentru ... ?

Was kostet ein Gespräch nach Rumänien pro Minute?
vas kostăt ain gășpreeh naah rumeeniăn proo minuută
cât costă o convorbire la România pe minut
Cât costă o convorbire pentru România pe minut?

Ich möchte gerne mit ... sprechen.
ih möhtă ghe[a]nă mit ... șprehăn
eu doresc ... vorbi
Aș dori să vorbesc cu ...

... ist leider nicht da.

... ist laid[a] niht daa

... este din-păcate nu acolo

... din păcate nu este aici.

Ich möchte eine SIM-Karte für mein Handy.

ih möhtă aină zimkaa'tă fü[a] main hendi

eu doresc o SIM cartelă pentru meu celular

Aș dori o cartelă SIM pentru celularul meu.

Prepaid oder mit Vertrag?

priipeit ood[a] mit f[a]traak

prepaid sau cu abonament

Cartelă reîncărcabilă sau cu abonament?

exemplu pentru contract de telefon mobil
... unbegrenzter Datentransfer im Inland ... trafic național nelimitat de date
... 500 MB mit 4G-Geschwindigkeit vor Drosselung ... 500 MB la viteza de 4G, după aceea restricție de date
... Flatrate für Sprachverbindungen und SMS ... minute nelimitate pentru convorbire și SMS-uri
... im eigenen Netz ... în aceeași rețea
... 200 Minuten im Inland ... 200 de minute naționale
... und 200 Minuten international ... și 200 de minute internaționale
... zu Festnetzanschlüssen ... la convorbiri pe telefoane fixe

Akku, der, -s	acumulator
Anrufbeantworter, der, =	robot telefonic
ausschalten, schaltet aus, hat ausgeschaltet	închis

einschalten, schaltet ein, hat eingeschaltet	deschis
Handy, das, -s	celular
Handynummer, die, -n	număr de celular
Kopfhörer, der, =	căști
Ladekabel, das, =	cablu încărcător
Nachricht, die, -en	mesaj
Schalter, der, =	buton
SIM-Karte, die, -n	cartelă SIM
SMS, die, =	mesaj
Telefon, das, -e	telefon
Telefonnummer, die, -n	număr de telefon

Internet

Gibt es hier einen Internetanschluss?
ghiipt ăs hii[a] ainăn int[a]net-anșlus
da asta aici o internet-legătură
Aveți acces la internet aici?

Ich möchte eine E-Mail verschicken.
ih möhtă aină iimeil f[a]șikăn
eu doresc un e-mail trimite
Aș dori să trimit un e-mail.

... etwas ausdrucken.
etvas ausdrukăn
ceva imprima
... a scoate ceva la imprimantă.

Was kostet das für eine Stunde?

vas kostăt das füᵃ aină ștundă

ce costă asta pentru o oră

Cât costă o oră de folosire?

Computer	calculator
Drucker, der, =	imprimantă
einloggen (sich), loggt sich ein, hat sich eingeloggt	a se conecta
abmelden, meldet ab, hat abgemeldet	a se deconecta
im Internet surfen, surft, hat gesurft	a naviga
Internetseite, die, -n	pagină pe internet
E-Mail, die, -s	e-mail
Anhang, der, Anhänge	atașament la e-mail
Antwort, die, -en	răspuns
Internetzugang, der, -gänge	acces la internet
Internetnutzung	folosire de internet
löschen, löscht, hat gelöscht	a șterge
senden, sendet, hat gesendet	a trimite
speichern, speichert, hat gespeichert	a salva
weiterleiten, leitet weiter, hat weitergeleitet	a transmite mai departe

În oficiu şi la autorităţi

Ich brauche einen Übersetzer für Rumänisch.
ih brauhă ainăn übᵃzetsᵃ füᵃ rumeeniș
eu nevoie un traducător pentru română
Am nevoie de un traducător de limba română.

Bitte buchstabieren Sie.
bită buh-ștabiirăn zii
va-rog dictați dvs.
Vă rog, să-mi dictați pe litere!

Ihre Anschrift?
iiră anșrift
vostru adresă
Adresa dumneavoastră.

Ihr Geburtsdatum und Geburtsort?
iiᵃ găbuᵃtsdaatum unt găbuᵃts-ort
vostru naștere-data și naștere-loc
Data și locul nașterii dumneavoastră.

Arbeitsamt, das, -ämter	oficiul forțelor de muncă
arbeitslos	șomer
Arbeitslosengeld, der, -er	ajutor de șomaj
Aufenthaltsgenehmigung, die, -en	permis de ședere
Ausländerbehörde, die, -n	biroul de înregistrare străini
Ausweis, der, -e	legitimație/carte de identitate
beschäftigt bei	angajat la
Einwohnermeldeamt, das, -ämter	birou de evidență a populației
Personalausweis, der, -e	buletin
Polizei, die, -	poliție
Rathaus, das, -häuser	primărie

Reisepass, der, -pässe	pașaport
Sozialamt, das, -ämter	oficiu social
Sozialhilfe, die, -n	ajutor social
Sozialversicherung, die, -en	asigurare socială
Übersetzer, der, =	traducător
Versicherung, die, -en	asigurare
Wohnung, die, -en	locuință/apartament
Wohngeld, das, -er	îndemnizație de locuință

Ajutor pentru complectat formulare

Abitur	bacalaureat
Abschluss	absolvire
Ausbildung	școlarizare / postliceală
Ausreise	a pleca în străinătate
Ausstelldatum	locul eliberării
ausgestellt von	eliberat de
Beruf	profesie
Datum	dată
Einreise	intrare într-o țară
Eltern	părinți
geboren am	născut (-ă) la
Geburtsort	locul de naștere
Geburtstag	ziua de naștere
gültig bis	data expirării la
Kinder	copii
Kindergeld	beneficile copiilor
Lebenslauf	curriculum vitae
Name	nume
Ort	localitatea
Passnummer	numărul de pașaport

Schufaauskunft	informaţii de la Biroul de Credit
Schulabschluss	bacalaureat
Schule	școală
Staatsangehörigkeit	cetățenie / naționalitate
Steuernummer	număr de impozit
Straße	stradă
Studium	studiu
Telefon	telefon
Titel	titlu
Universität	universitate
Unterschrift	semnătură
Verwandte	rude
Vorname	prenume
Wohnort	domiciliu
Zeugnis	diplomă / adeverință

Muncă

Angebot	ofertă
Anstellung	angajare
Arbeitsvertrag	contract de muncă
Ausbildungsvertrag	contract de formare/instruire
Befreiung	eliberare
befristet	limitat
Behinderung	handicap
Beratung	consfătuire / sfat
Bestätigung	confirmare
Bewerbung	aplicarea
Erfahrung	experienţă
Fachfrau	specialist (femeie)
Fachmann	specialist (bărbat)

Fähigkeit	capabilitate
Fortbildung	instruire in domeniul învăţat
Gehalt	salariu
Hospitation	stagiu
Krankenkasse	casă de asigurare medicală
Krankenversicherung	asigurare de sănătate
Lebenslauf	CV - Curriculum Vitae
Nachweis	dovadă
Nachweise	dovezi
Rentenkasse	fond de pensie
Steuer	impozit
Stundenlohn	salariu oral
Teilzeit	jumătate de normă
Umzug	mutat
unbefristet	nelimitat
Vergütung	îndemnizaţie
Vollzeit	normă întreagă
Weiterbildung	instruire expert in domeniu învăţat

Starea civilă	
Lebenspartnerschaft	concubinaj
ledig	necăsătorit (-ă)
geschieden	divorțat (-ă)
getrennt	separat (-ă) / despățit (-ă)
seit ...	de ...
verheiratet	căsătorit (-ă)
verwitwet	văduv (-ă)
von ... bis	de la ... până la

Sănătatea

Străinii care stau mai mult timp în Germania şi nu lucrează, au eventual nevoie de o asigurare de sănătate printr-o firmă germană. În afară de medici, mai există în Germania și specialiști de medicină alternativă cum ar fi Heilpraktiker (persoană care practică medicina fără a avea titlu academic) și **Homöopathen** (medic homeopat). Info: medicii germani nu prescriu imediat rețete cu antibiotice.

Starea sănătății

După verbul „a fi" adjectivele nu se diferențiază între genul feminin și genul masculin.

Ich habe Hunger.
ih haabă hunga[r]
eu am foame
Mi-e foame.

Ich habe Durst.
ih haabă dua[r]st
eu am sete
Mi-e sete.

Ich bin müde.
ih bin müüdă
eu sunt obosit
Eu sunt obosit(-ă).

Ich fühle mich nicht gut.
ih füülă mih niht guut
eu simt mă nu bine
Nu mă simt bine.

Ich glaube, dass ich krank bin.
ih glaubă das ih krank bin
eu cred, că eu bolnav sunt
Eu cred că sunt bolnav(-ă).

Ich bin krank.
ih bin krank
eu sunt bolnav
Eu sunt bolnav (-ă).

Rufen Sie bitte einen Arzt.
ruufăn zii bită ainăn aa'tst
chemați dvs. va-rog un medic
Chemați, vă rog, un medic.

Wo finde ich ein Krankenhaus?
voo findă ih ain krankănhaus
unde găsesc eu un spital
Unde găsesc un spital?

La doctor

Ich brauche einen / eine / ein …
ih brauhă ainăn / aină / ain …
eu cer un / o / un
Îmi trebuie un / o …

Sie brauchen einen / eine / ein …
zii brauhăn ainăn / aină / ain …
dvs. cereți un / o / un
Vă trebuie un / o …

Arzt, der, Ärzte	medic, doctor
Ärztin, die, -nen	doctoriță
Augenarzt, der, -ärzte	medic oftalmolog
Facharzt, der, -ärzte	medic de specialitate
Frauenarzt, der, -ärzte	medic ginecolog
HNO-Arzt, der, -Ärzte	medic O.R.L.ist
Hausarzt, der, -ärzte	medic de familie
Hautarzt, der, -ärzte	medic dermatolog
Kardiologe, der, -en	medic cardiolog

Internist, der, -en	medic internist
Kinderarzt, der, -ärzte	medic pediatru
Nervenarzt, der, -ärzte	medic neurolog
Orthopäde, der, -n	medic ortoped
Urologe, der, -n	medic urolog
Zahnarzt, der, -ärzte	dentist, stomatolog

Krankenhaus, das, -häuser	spital
Krankenschwester, die, -n	asistentă medicală
Krankenpfleger, der, =	infirmier
Krankenversicherung, die, -en	asigurare de boală / sănătate
Krankenwagen, der, =	ambulanță
Notarzt, der,-ärzte	medic de salvare
Patient, der, -en	pacient
Patientin, die, -nen	pacientă
Praxis, die, Praxen	cabinet medical
Rettungswagen, der, =	salvare / ambulanță
Termin, der, -e	programare anticipată
Untersuchung, die, -en	consultație
Wartezeit, die, -en	timpul de așteptare
Wartezimmer, das, =	sală de așteptare

Bei welcher Krankenkasse sind Sie?
bai velhar krankănkasă zint zii
la care sănătate-casă sunteți dvs.
La ce casă de sănătate sunteți asigurat (-ă)?

Was ist mit Ihnen los?
vas ist mit iinăn loos
ce este cu dvs. pățit
Ce ați pățit?

Ich fühle mich nicht gut.
ih füülă mih niht guut
eu simt mă nu bine
Mă simt rău.

Ich bin gefallen.
ih bin găfalăn
eu sunt căzut
Am căzut.

Ich bin ausgerutscht.
ih bin ausgărutșt
eu sunt alunecat
Am alunecat.

Ich habe mich übergeben.
ih haabă mih übaʳgheebăn
eu am mă vomitat
Eu am vomitat.

Ich habe mich erkältet.
ih haabă mih eaʳkeltăt
eu am mă răcit
Eu am răcit.

Legen Sie sich hin.
leegăn zii zih hin
puneți dvs. se (jos)
Culcați-vă.

Setzen Sie sich.
zetsăn zii zih
așezați dvs. se
Așezați-vă.

Sind Sie ... ?
zint zii
sunteți dvs.
Sunteți ... ?

... schwanger *... șvanghaʳ*	gravidă
... allergisch *... alerghiș*	alergic (-ă)
... Diabetiker *... diabeetikaʳ*	diabetic (-ă)

Machen Sie den Oberkörper frei.
mahăn zii deen obaʳköaʳpaʳ frai
faceți dvs. bust (liber)
Dezbrăcați-vă până la brâu.

Machen Sie den Mund auf.
mahăn zii deen munt auf
faceți dvs. aceasta gură (deschis)
Deschideți gura.

Strecken Sie die Zunge heraus.
ștrekăn zii dii tsungă hea[r]aus
scoateți dvs. limba (afară)
Scoateți limba.

Atmen Sie tief ein.
aatmăn zii tiif ain
respirați dvs. adânc (înăuntru)
Respirați adânc.

Was tut Ihnen weh?
vas tuut iinăn vee
ce face vă durere
Ce vă doare?

Wo tut es Ihnen weh?
voo tuut ăs iinăn vee
unde face asta vă durere
Unde vă doare?

Mir tut ... weh.
mi[a] tuut ... vee
mă face ... durere
Mă doare ...

Seit wann haben Sie das?
zait van haabăn zii das
de când aveți dvs. aceasta
De când aveți asta?

der Arm braț	**das Herz** inimă
der Bauch abdomen	**das Knie, =** genunchi
das Bein picior	**der Knochen, =** os
die Blase vezică urinară	**der Kopf** cap
der Blinddarm apendicită	**der Magen** stomac
der Fuß, Füße picior	**die Niere, -n** rinichi
der Hals gât	**das Ohr, -en** ureche
die Hand, Hände mână	**der Rücken** spate
die Haut piele	**der Zahn, Zähne** dinte

stark	tare
nicht stark	nu prea tare
ein wenig, ein bisschen	puțin

Ich bin erkältet.
ih bin ea^r^keltăt
eu sunt răcit
Eu sunt răcit (-ă).

Ich habe ...
ih haabă
eu am
Eu am ...

Haben Sie ... ?
haabăn zii
aveți dvs.
Aveți ... ?

die Allergie, -n	alergie
das Asthma, -	astm
die Atemnot	dificultăți de respirație
Ausschlag, der	eczemă
das Blut	sânge
der Blutdruck	tensiune
der Brechreiz	greață
der Diabetes	diabet
der Durchfall	diaree
die Entzündung	inflamație
das Erbrechen	vărsătură / vomă
die Erkältung	răceală
das Fieber	febră
gebrochen	rupt
die Grippe	gripă
die Halsschmerzen	dureri de gât
der Hautausschlag	erupții pe corp

das Herzrasen	palpitații
der Hochdruck	hipertensiune
der Husten	tuse
das Jucken	a ustura
die Krämpfe *(pl)*	crampe
die Migräne	migrenă
das Niesen	strănut
das Ohrensausen	vâjâit
die Prellung	contuzie
die Schmerzen *(pl)*	dureri
der Schnupfen	guturai
die Schürfwunde	julitură
der Schüttelfrost	frisoane
die Schwellung	umflătură
der Schwindel	amețeală
das Sodbrennen	arsură la stomac
der Sonnenbrand	arsură de soare
die Übelkeit	greață
der Unfall	accident
die Urinprobe	probă de urină
die Verbrennung	arsură
die Verletzung	rană, leziune
die Verrenkung	luxație
die Verstopfung	constipație
die Wunde	plagă
die Zerrung	întindere
das Zwicken	a pișca

La farmacie

Medicii dau rezepte roşii,/roze, albe, verzi, albastre. Numai la rezeptele rosii/roze asigurarea de sănătate vă acoperă, parţial sau total, costurile medicamentelor prescrise. Medicamentele desemnate cu **apothekenpflichtig** se cumpără numai în farmacie, cele cu **rezeptpflichtig** se eliberează numai cu rețetă de la medic.

Ich brauche etwas aus der Apotheke.
ih brauhă etvas aus de[a] apoteekă
eu cer ceva de aceasta farmacie
Îmi trebuie ceva de la farmacie.

Dort liegen die Rezepte.
doa'rt liigăn dii rătseptă
acolo sunt aste rețete
Acolo sunt rețetele.

Geben Sie mir bitte etwas ...
gheebăn zii mi[a] bită etvas ...
dați dvs. îmi va-rog ceva ...
Dați-mi, vă rog, ceva ...

... gegen Schmerzen.
... gheegăn șmea'tsăn
... contra durerilor.

... zum Einschlafen.
... tsum ainșlaafăn
... un somnifer.

... zum Abführen.
... tsum apfüürăn
... un purgativ.

das Abführmittel, =	laxativ
das Beruhigungsmittel, =	sedative
die Kapsel, -n	capsulă, cașetă
das Rezept, -e	rețetă
die Salbe, -n	alifie, unguent

die Schlaftablette, -n	somnifer
das Schmerzmittel	analgezice
die Tablette, -n	pastilă
die Tropfen *(pl)*	picături
der Sirup, -s	sirop

Wie muss man das einnehmen?
vii mus man das ain-neemăn
cum trebuie se aceasta lua
Cum se ia aceasta?

Nehmen Sie dies …
neemăn zii diis …
luați dvs. aceasta …
Luați aceasta …

zweimal täglich	de două ori pe zi
dreimal täglich	de trei ori pe zi
nur morgens	doar dimineața
nur abends	doar seara
vor dem Essen	înainte de masă
nach dem Essen	după masă

A Z

Dicționar

Dicționar Român – German

Substantivele sunt scrise cu gen (masc., fem., neutru) şi la plural. Formele verbale nu sunt listate aici, dar se pot găsi foarte uşor în capitolul corespunzător.

A

abia kaum
absolut völlig
absolut deloc/nimic überhaupt nicht
ac Nadel, die, -n
acasă zu Hause, daheim
accident Unfall, der, Unfälle
același selbe
acest es, dies
acolo da, dort
acru sauer
acționa handeln (von)
acum jetzt
adânc tief
adesea oft
adevăr Wahrheit, die, -en
adevărat wirklich
adresă Adresse, die, -n
aduce bringen
aduce cu sine mitbringen
aer Luft, die, Lüfte
aeroport Flughafen, der, Flughäfen
afară außen, draußen, heraus
afectuos herzlich
agent de poliție Polizist, der, -en
agricultură Landwirtschaft, die, -en
aici hier
ajunge reichen
ajuta helfen
ajutor Hilfe, die, -n
alaltăieri vorgestern
alb weiß
albastru blau
alcool Alkohol, der, -e
alifie Salbe, die, -n
aliment Lebensmittel, das, =
alimenta cu combustibil tanken
alo hallo
altfel anders
altul andere
amabil freundlich
amândoi beide
ambulanță Krankenwagen, der, =
amendă Strafe, die, -n
amețit schwindelig
aminti (își) erinnern (sich)
amuza (se) amüsieren (sich)
an Jahr, das, -e
animal Tier, das, -e
anvelopă Reifen, der, =
aparat Gerät (das, -e), Maschine (die, -n)
aparține gehören
apă Wasser, das, -
apă minerală/gazoasă Mineralwasser, das, Mineralwässer

apă potabilă Trinkwasser, das, -
aperitiv Vorspeise, die, -n
apoi dann
aprinde anschalten
aproape nah, beinahe
aproximativ ungefähr
arăta aussehen; zeigen
arde brennen
ardei Paprika, die, -s
artă Kunst, die, Künste
artificial künstlich
arunca werfen
asculta hören
asemănător ähnlich
asigurare Versicherung, die, -en
asigurare de boală Krankenversicherung, die, -en
astăzi heute
așa so
așeza stellen
așeza (se) setzen (sich)
aștepta warten
atât soviel
atelier Werkstatt, die, Werkstätten
atenție Achtung, die, -en
ateriza landen
atinge berühren
autentic echt
autobuz Bus, der, -se
autostradă Autobahn, die, -en
avea haben
avea grijă sorgen
avea gust schmecken
avea nevoie brauchen
avea voie dürfen
avion Flugzeug, das, -e
azi heute
ăsta der, die, das

B

bacșiș Trinkgeld, das, -er
bagaj Gepäck, das, -
baie Bad (das, Bäder), Badezimmer (das, =)
banană Banane, die, -n
bancă Bank, die, -en
bancomat Geldautomat, der, -en
bani Geld, das, -er
bani mărunți Kleingeld, das, -er
bar de noapte Nachtlokal, das, -e
baston Stock, der, Stöcke
bate schlagen
baterie Batterie, die, -n
batistă Taschentuch, das, Taschentücher
băiat Junge, der, -n
bărbat Mann, der, Männer
bărbieri (se) rasieren (sich)
bătrân alt (Mensch)
băutură Getränk, das, -e
bea trinken
beat betrunken
benzină Benzin, das, -
bere Bier, das, -e
bicicletă Fahrrad, das, Fahrräder
bilet de călătorie Fahrkarte, die, -n
bilet de intrare Eintrittskarte, die, -n
bilețel Zettel, der, =
bineînțeles selbstverständlich
birou Büro, das, -s
biscuit Keks, der, -e
biserică Kirche, die, -n
blond blond
blugi Jeans, die, =
boală Krankheit, die, -en
bogat reich

bolnav krank
braț Arm, der, -e
brânză Käse, der, -
briceag Taschenmesser, das, =
brichetă Feuerzeug, das, -e
brutal grausam
brutărie Bäckerei, die, -en
bucată Stück, das, -e
bucătar Koch, der, Köche
bucătărie Küche, die, -n
bucurie Freude, die, -n
bucuros froh
bumbac Baumwolle, die, -
bun gut
bunic Opa, der, -s
bunică Oma, die, -s
burtă Bauch, der, Bäuche
butoi Fass, das, Fässer
buză Lippe, die, -n
buzunar Tasche, die, -n

C

cadou Geschenk, das, -e
cafea Kaffee, der, -s
cafenea Café, das, -s
caisă Aprikose, die, -n
cal Pferd, das, -e
calculator Computer, der, =
cald warm
calitate Qualität, die, -en
cameră Zimmer, das, =
cameră de bagaje Gepäckaufbewahrung, die, -en
cameră de zi Wohnzimmer, das, =
camion LKW, der, -s
camping Camping, das, -s
cantitate Menge, die, -n
cap Kopf, der, Köpfe
capitală Hauptstadt, die, Hauptstädte
capră Ziege, die, -n
care der, die, das (relativ), welche
carne Fleisch, das, -
carne de miel Lammfleisch, das, -
carne de vită Rindfleisch, das, -
carne de vițel Kalbfleisch, das, -
carnet de conducere Führerschein, der, -e
carte Buch, das, Bücher
cartof Kartoffel, die, -n
ca să damit
casă Haus, das, Häuser
casă (de plătit) Kasse, die, -n
casă de economii Sparkasse, die, -n
castel Schloss, das, Schlösser
castravete Gurke, die, -n
cauciuc Reifen, der, =
cazare Unterkunft, die, Unterkünfte
că dass
căciulă Mütze, die, -n
cădea fallen
călători reisen
călători (cu mașina) (mit dem Auto) fahren
călătorie Fahrt, die, -en
călătorie Reise, die, -n
călătorie dus Hinfahrt, die, -en
călca bügeln
căldură (mare) Hitze, die, -
cămașă Hemd, das, -en
căpșună Erdbeere, die, -n
căsătorit verheiratet
căuta suchen
câine Hund, der, -e
câmp Feld, das, -er
câmpie Ebene, die, -n

când wenn, wann, als
cânta singen
cântar Waage, die, -n
cântec Lied, das, -er
cârciumă Kneipe, die, -n
cârnat Wurst, die, Würste
câștiga gewinnen; verdienen
cât wie viel
câteodată manchmal
câți wieviele
câțiva einige, ein paar
ce was
ceai Tee, der, -s
ceapă Zwiebel, die, -n
cearșaf Bettlaken, das, =
ceas Uhr, die, -en
ceas deșteptător Wecker, der, =
ceașcă Tasse, die, -n
ceață Nebel, der, =
cel mult höchstens
cel puțin mindestens
cel târziu spätestens
centru Zentrum, das, Zentren
cer Himmel, der, =
cere verlangen
certa (se) streiten
certificat Zeugnis, das, -se
cetate Burg, die, -en
cetățean Bürger, der, =
ceva etwas
cheie Schlüssel, der, =
chelner Kellner, der, =
cheltui ausgeben
chema rufen
chestionar Fragebogen, der, Fragebögen
chibrit Streichholz, das, Streichhölzer
chiflă Brötchen, das, =
chilot de baie Badehose, die, -n
chitanță Quittung, die, -en
chitară Gitarre, die, -n
chiuvetă Waschbecken, das, =
ci sondern
cină Abendessen, das, =
cine wer
cinema Kino, das, -s
cineva jemand
ciocni (se) zusammenstoßen
ciocolată Schokolade, die, -n
ciorap Strumpf, der, Strümpfe
ciorbă Suppe, die, -n
circulație Verkehr, der, -e
cireașă Kirsche, die, -n
cisternă Tank, der, -s
citi lesen
clar deutlich, klar
clădire Gebäude, das, =
clește Zange, die, -n
coase nähen
coastă Küste, die, -n
coborî aussteigen
cocoș Hahn, der, Hähne
cofetărie Konditorei, die, -en
colet Paket, das, -e
colorat bunt
colț Ecke, die, -n
comanda bestellen
comod bequem
compartiment Abteil, das, -e
complet völlig
complicat kompliziert
concediu Urlaub, der, -e
condiție Bedingung, die, -en
construcție Bau, der, -ten
construi bauen
consulat Botschaft (die, -en), Konsulat (das, -e)
continua weitermachen
contract Vertrag, der, Verträge

conveni abmachen
conversație Unterhaltung, die, -en
convins überzeugt
convorbire Gespräch, das, -e
copac Baum, der, Bäume
copil Kind, das, -er
copt gebacken, reif
corect richtig
corecta verbessern
cort Zelt, das, -e
costa kosten
costum Anzug, der, Anzüge
costum de baie Badeanzug, der, Badeanzüge
coș Korb, der, Körbe
covor Teppich, der, -e
cratiță Kochtopf, der, Kochtöpfe
Crăciun Weihnachten, das, =
crede glauben
creion Bleistift, der, -e
crud roh
cu mit
cu plăcere gern
cub de gheață Eiswürfel, der, =
cui Nagel, der, Nägel
culege sammeln
culoare Farbe, die, -n
cum wie
cumnat Schwager, der, =
cumnată Schwägerin, die, -nen
cumpăra kaufen
cumpărătură Einkauf, der, Einkäufe
cumplit grausam
cunoaște kennen
cunoscut bekannt
cuptor Ofen, der, Öfen
curat sauber
curăța putzen
curând bald
curcan Pute, die, -n
curea Gürtel, der, =
curent Strom (elektr.), der, Ströme
curios neugierig
curs Lehrgang, der, Lehrgänge
cursuri Unterricht, der, -
cuțit Messer, das, =
cuvânt Wort, das, Wörter

D

da (a) geben
da ja
da întâlnire (își) verabreden (sich)
dacă wenn, falls, ob
dans Tanz, der, Tänze
dansa tanzen
dar aber
dată Datum (das, Daten), Mal (das, -e)
dărui schenken
de von
de aceea darum, deshalb
de acord einverstanden
de când seit
de ce warum
de exemplu zum Beispiel
de fiecare dată jedes Mal
de unde woher
deal Berg, der, -e
deci also
defect Fehler, der, =
deget Finger, der, =
deget de la picior Zeh, der, -en
deja schon
deloc gar nicht
deoarece weil
deosebit besondere
dependent de süchtig

dependență Sucht, die, Süchte
deranja belästigen, stören
deschide öffnen
deschis offen, geöffnet
deschizător de conserve Dosenöffner, der, =
desert Nachtisch, der, -e
despărțire Abschied, der, -e
destinație Ziel, das, -e
destul genug
destul de ziemlich
destul de bine ganz gut
deștept intelligent
detergent Waschmittel, Waschpulver, das, =
deveni werden
devreme früh
dezamăgit enttäuscht
dezbrăca (se) ausziehen, entkleiden (sich)
dicționar Wörterbuch, das, Wörterbücher
diferență Unterschied, der, -e
diferit verschieden
dificil schwierig
dimineață Morgen, der, =
din aus
din cauza wegen
din păcate leider
dinte Zahn, der, Zähne
dintr-o dată plötzlich
direcție Richtung, die, -en
disc de musică CD, die, -s
distanță Entfernung, die, -en
distra (se) amüsieren (sich)
district Bezirk, der, -e
doamnă Dame, die, -n
doctor Arzt, der, Ärzte
doctoriță Ärztin, die, -nen
domiciliu Wohnsitz, der, -e
domn Herr, der, -en
dor Sehnsucht, die, Sehnsüchte
dori wünschen (sich)
dorință Wunsch, der, Wünsche
dormi schlafen
dormitor Schlafzimmer, das, =
doză Dose, die, -n
drag lieb
dragoste Liebe, die, -
drăguț hübsch
drept gerade, Recht, das, -
drept înainte geradeaus
dreptate Recht, das, -
dreptunghiular viereckig
drum Weg, der, -e
dublu doppelt
duce tragen
duce (se) gehen
duce cu cortul (se) zelten (gehen)
duhni stinken
dulap Schrank, der, Schränke
dulce süß
dulceață Marmelade, die, -n
dulciuri Süßigkeiten, die, -
dumneavoastră Sie
Dumnezeu Gott, der, -
după hinter, nach
după aceea nachher, danach
după ce nachdem
după-amiază Nachmittag, der, -e
dura dauern
durea weh tun
durere Schmerz, der, -en
dureri de cap Kopfschmerz, der, -en
dus weg
duș Dusche, die, -n

E

ea sie
economisi sparen
egal gleich
ei sie *(pl)*, ihr (von ihr)
el er
ele sie *(pl)*
elev Schüler, der, =
elevă Schülerin, die, -nen
englez englisch
est Osten, der, -
etaj Etage, die, -n
eu ich
european europäisch
exact genau
examen Prüfung, die, -en
excelent ausgezeichnet
excepție Ausnahme, die, -n
excursie Ausflug, der, Ausflüge
exemplu Beispiel, das, -e
există es gibt
expeditor Absender, der, =
experiență Erfahrung, die, -en
explica erklären
exporta ausführen
expoziție Ausstellung, die, -en

F

fabrică Fabrik, die, -en
face machen, tun
face baie baden
face curat aufräumen
face duș duschen
face ordine aufräumen
faimos berühmt
fals falsch
familie Familie, die, -n
far (de mașină) Scheinwerfer, der, =
farfurie Teller, der, =
farmacie Apotheke, die, -n
fasole Bohne, die, -n
fațadă Fassade, die, -n
față Gesicht, das, -er
față de gegenüber (von)
față de masă Tischdecke, die, -n
favorabil günstig
făină Mehl, das, -
fără ohne
fântână Brunnen, der, =
febră Fieber, das, -
felicita gratulieren
felicitare Glückwunsch
felie Scheibe, die, n
femeie Frau, die, -en
fereastră Fenster, das, =
fericire Glück, das, -
fericit glücklich
fetiță Mädchen, das, =
fi sein (Verb)
ficat Leber, die, -n
fidel treu
fiecare jede
fier de călcat Bügeleisen, das, =
fierbe kochen (Wasser)
fierbinte heiß
fiică Tochter, die, Töchter
film Film, der, -e
fin fein
fir Faden, der, Fäden
fiu Sohn, der, Söhne
flămând hungrig
floare Blume, die, -n
foaie Blatt, das, Blätter
foame Hunger, der, -
foarfecă Schere, die, -n

foarte sehr
foc Feuer, das, =
folosi benutzen
folositor nützlich
formular Formular, das, -e
fotbal Fußball, der, Fußbälle
fotografia fotografieren
fotografie Foto, das, -s
fotoliu Sessel, der, =
fragil zerbrechlich
frate Bruder, der, Brüder
frâna bremsen
frânghie Seil, das, -e
frică Angst, die, Ängste
frige braten
frigider Kühlschrank, der, Kühlschränke
fript gebraten
frișcă Schlagsahne, die, -n
frizer Friseur, der, -e
fruct Frucht, die, Früchte
fructe Obst, das, -
frumos schön
fugi weglaufen
fuma rauchen
funcționa funktionieren
funcționar Beamter, der, Beamten
fura stehlen
furculiță Gabel, die, -n
furios wütend
fustă Rock, der, Röcke

G

galben gelb
garaj Garage, die, -n
gară Bahnhof, der, -höfe
gară principală Hauptbahnhof, der, Hauptbahnhöfe
gard Zaun, der, Zäune
gata bereit
gata fertig
gaură Loch, das, Löcher
gazon Rasen, der, -
găină Huhn, das, Hühner
găleată Eimer, der, =
găsi finden
găti kochen (Essen)
gândi (se) denken (an)
gârlă Bach, der, Bäche
gâscă Gans, die, Gänse
gât Hals, der, Hälse
geam (Fenster-) Scheibe, die, -n
geamantan Koffer, der, =
general allgemein
genunchi Knie, das, =
german deutsch
ghid Reiseführer, der, =
ghișeu Schalter (Verkaufs-), der, =
glumă Witz, der, -e
gol leer, Tor (Sport), das, -e
grabă Eile, die, -n
grad Grad, das, -e
gram Gramm, das, =
graniță Grenze
gras dick, fett
gratuit gratis
gravidă schwanger
grăbi (se) beeilen (sich)
grădină Garten, der, Gärten
greși irren (sich)
greșit falsch
greu schwer
greutate Gewicht, das, -e
grevă Streik, der, -s
gri grau
grozav toll
grup Gruppe, die, -n
gură Mund, der, Münder

gust Geschmack, der, -
gusta probieren (kosten)
gustos schmackhaft
gutuie Quitte, die, -n
guvern Regierung, die, -en

H

halat de baie Bademantel, der, Bademäntel
harnic fleißig
hartă Landkarte, die, -n
hârtie Papier, das, -e
hotărî entscheiden
hoț Dieb, der, -e
hrean Meerrettich, der, -e

I

iarăși wieder
iarbă Gras, das, Gräser
iarnă Winter, der, =
iaurt Joghurt, der, -s
idee Idee, die, -n
ieftin billig
iepure Hase, der, -n
ieri gestern
ieși herausgehen
ieșire Ausgang, der, Ausgänge
imagine Bild, das, -er
imediat sofort
importa einführen
important wichtig
imposibil unmöglich
impozite Steuern, die, -
impresie Eindruck, der, Eindrücke
indiferent gleichgültig
informație Auskunft, die, Auskünfte
inimă Herz, das, -en
insolație Sonnenstich, der, -e
Inspecția Tehnică Periodică TÜV, der, -
institut de învățământ superior Hochschule, die, -n
insulă Insel, die, -n
intenție Absicht, die, -en
intersecție Kreuzung, die, -en
interviu Interview, das, -s
interzice verbieten
intra hineingehen
intrare Einfahrt (die, -en), Eingang (der, Eingänge), Eintritt (der, -e)
invita einladen
invitație Einladung, die, -en
istorie Geschichte, die, -n
iubi lieben
izvor Quelle, die, -n

Î

îmbrăca anziehen
îmbrăcăminte Kleidung, die, -en
împinge drücken
împotriva gegen
împreună zusammen
împrieteni (se) befreunden (sich)
împrumuta verleihen
în in
în fața vor (räumlich)
în interiorul innen
în loc de statt, anstatt
în sfârșit endlich
în spate hinten
în termen de innerhalb
în timpul während

înainte vorher, vorwärts
înainte de vor (zeitlich)
înainte să bevor
înalt hoch
înapoi zurück, rückwärts
înăuntru drinnen
înăuntru (de afară) herein, hinein
încă noch
încă o dată nochmal
încălțăminte Schuh, der, -e
încălzi wärmen
încălzire Heizung, die, -en
începe anfangen
început Anfang, der, Anfänge
încet leise, langsam
înceta aufhören
închide ausschalten, schließen
închiria mieten; vermieten
închis geschlossen
inclus inbegriffen
îndoială Zweifel, der, =
îndrăgostit verliebt
înghețată Eis, das, -
îngust schmal
înota schwimmen
însetat durstig
însoți begleiten
înșela betrügen
înștiința benachrichtigen
întâi erste
întâlni treffen
întâlnire Verabredung, die, -en
întâmpla (se) passieren
întârzia verspäten
întârziere Verspätung, die, -en
întoarce (se) zurückkommen
întoarcere Rückfahrt, die, -en
între zwischen
între timp inzwischen
întreba fragen
întrebare Frage, die, -n
întreg ganz
întreprindere Betrieb, der, -e
întrerupător Schalter (Licht-), der, =
întreține (se) unterhalten (sich)
întunecat dunkel
înțelege verstehen
învăța lernen
învățământ Unterricht, der, -
își sich

J

jachetă Jacke, die, -n
jigni beleidigen
joc Spiel, das, -e
jos niedrig, unten
juca (se) spielen
jucărie Spielzeug, das, -e
jumătate halb
jumătate Hälfte, die, -n
just richtig

L

la bei, zu
la dreapta rechts
la fel ähnlich
la prânz mittags
la timp rechtzeitig
lac See, der, -n
lacăt Schloss, das, Schlösser
ladă Kiste, die, -n
lampă Lampe, die, -n
lanternă Taschenlampe, die, -n
lanț Kette, die, -n
lapte Milch, die, -

larg weit, breit
latură Seite, die, -n
lămâie Zitrone, die, -n
lăsa lassen
lână Wolle, die, -
lângă bei, neben
legitimație Ausweis, der, -e
legume Gemüse, das, -
lemn Holz, das, Hölzer
lenjerie de corp Unterwäsche, die, -n
leziune Verletzung, die, -en
liber frei
lift Aufzug, der, Aufzüge
limbă Sprache, die, -n
lingură Löffel, der, =
linguriță Teelöffel, der, =
linie ferată Gleis, das, -e
liniștit ruhig
liniștit still
lipsi fehlen
listă de bucate Speisekarte, die, -n
litru Liter, der, =
loc Stelle, die, -n
loc (de stat jos) Sitzplatz, der, Sitzplätze
loc de joacă Spielplatz, der, Spielplätze
loc de parcare Parkplatz, der, Parkplätze
locui wohnen
locuință Wohnung, die, -en
locuitor Bewohner, der, =
lor ihr (von ihnen)
lua nehmen, abholen
lua cu sine mitnehmen
lua micul dejun frühstücken
lua rămas bun (își) verabschieden (sich)
lucru Sache, die, -n; Arbeit, die, -en
lumânare Kerze, die, -n
lume Welt, die, -en
lumină Licht, das, -er
luminos hell
lună Monat (der, -e); **(astru)** Mond (der, -e)
luncă Wiese, die, -n
lung lang
lupta kämpfen

M

magazin Laden, der, Läden
magazin universal Kaufhaus, das, Kaufhäuser
mai bine besser
mai departe weiter
mai mult mehr
mal Ufer, das, =
mamă Mutter, die, Mütter
mare groß, Meer (das, -e)
maro braun
martor Zeuge, der, -n
masă Tisch (der, -e), Mahlzeit (die, -en)
masă de prânz Mittagessen, das, =
masă de seară Abendessen, das, =
mașină Auto, das, -s
mazăre Erbse, die, -n
măcelărie Metzgerei, die, -en
măgar Esel, der, =
mănăstire Kloster, das, Klöster
mănușă Handschuh, der, -e
măr Apfel, der, Äpfel
mărime Größe, die, -n
mătușă Tante, die, -n
mâine morgen
mână Hand, die, Hände
mânca essen

mâncare Essen, das, =
mândru stolz
medic Arzt, der, Ärzte
medic stomatolog Zahnarzt, der, Zahnärzte
medicament Arznei, die, -en
meniu Menü, das, -s
mereu immer
merge gehen
merge la culcare schlafen gehen
meserie Beruf, der, -e
meu mein
mic klein
mic dejun Frühstück, das, -e
miere Honig, der, -e
migrenă Migräne, die, -n
mijloc Mitte, die, -n
minciună Lüge, die, -n
minge Ball, der, Bälle
minți lügen
minunat herrlich
mizerie Elend, das
moarte Tod, der, -e
mobilă Möbel, das, =
monument Denkmal, das, -e
morcov Mohrrübe, die, -n
mormânt Grab, das, Gräber
motiv Grund, der, Gründe
motocicletă Motorrad, das, Motorräder
motor Motor, der, -en
mult viel
mulțumesc danke
mulțumi danken
mulțumit zufrieden
muncă Arbeit, die, -en
munci arbeiten
muncitor Angestellter, der, Angestellten; Arbeiter, der, =
munte Gebirge, das, =
murdar schmutzig
muri sterben
muștar Senf, der, -
muzeu Museum, das, Museen

N

nas Nase, die, -n
natural natürlich
natură Natur, die, -en
naviga surfen (im Internet)
născut geboren
neamț Deutscher, der, Deutsche
neapărat unbedingt
nebun verrückt
necăsătorit ledig
necesar notwendig
negru schwarz
nemțoaică Deutsche, die, =
neonazist Neonazi, der, -s
nerăbdător ungeduldig
nici auch nicht
nici unul/una kein
niciodată nie
nimeni niemand
nimic nichts
ninge schneien
nisip Sand, der, -
nivel Ebene, die, -n
noapte Nacht, die, Nächte
noaptea nachts
noi wir
nor Wolke, die, -n
nord Norden, der, -
normal normal
noroc Glück, das, -
noroc! Prost!
nostru unser
nota aufschreiben

notă de plată Rechnung, die, -en
nou neu
nu nicht, nein
nu mai nicht mehr
numai nur
număr Zahl, die, -en
număra zählen
nume Name, der, -n
numele de familie Nachname, der, -n
numi (se) heißen
nuntă Hochzeit, die, -en

O

o ein, eine
o dată einmal
oaie Schaf, das, -e
oală Kochtopf, der, Kochtöpfe
oameni Leute, die, -
oarecare irgendein
oaspete Gast, der, Gäste
obiect Sache, die, -n
obiectiv turistic Sehenswürdigkeit, die, -en
obișnuință Gewohnheit, die, -en
obișnuit üblich
obosit müde
observa bemerken
obține erhalten
ocazie Gelegenheit, die, -en
ochelari Brille, die, -n
ochi Auge, das, -n
ocolire Umleitung, die, -en
ocupat besetzt
oferi anbieten
oficiu Büro, das, -s
oficiu de voiaj Reisebüro, das, -s
oglindă Spiegel, der, =
om Mensch, der, -en
omori töten
opri (se) anhalten
opri (se) stehenbleiben
oraș Stadt, die, Städte
oră Stunde, die, -n
ordona befehlen
orez Reis, der, -
ospătar Bedienung (Kellnerin), die, -en
ospitalitate Gastfreundschaft, die, -en
oboseală Mühe, die, -n
otrăvitor giftig
oțet Essig, der, -e
ou Ei, das, -er

P

pace Frieden, der, -
pacient Patient, der, -en
pagină Seite (Buch), die, -n
pagubă Schaden, der, Schäden
pahar Glas, das, Gläser
palton Mantel, der, Mäntel
panoramă Aussicht, die, -en
pantalon Hose, die, -n
pantof Schuh, der, -e
pară Birne, die, -n
parc Park, der, -s
parca parken
parte Seite, die, -n
parte Teil, das, -e
parter Erdgeschoss, das, -e
particular privat
partid Partei, die, -en
pasager Fahrgast, der, Fahrgäste
pasaj subteran Unterführung, die, -en

pasăre Vogel, der, Vögel
pastă de dinți Zahnpasta, die, -
pașaport Pass (Reise-), der, Pässe
Paște Ostern, das, -
pat Bett, das, -en
patimă Sucht, die, Süchte
patrie Heimat, die, -en
păcat schade
pădure Wald, der, Wälder
pălărie Hut, der, Hüte
pământ Erde, die, -n
păpușă Puppe, die, -n
păr Haar, das, -e
părăsi verlassen
părere Meinung, die, -en
părinți Eltern, die
păsări de curte Geflügel, das, -
pătrunjel Petersilie, die, -
pătură Decke, die, -n
pâine Brot, das, -e
pâine prăjită Toast, das, -s
până bis
pârâu Bach, der, Bäche
pe auf
pe jos zu Fuß
pe lângă aceasta außerdem
pedepsi bestrafen
peisaj Landschaft, die, -en
pentru für
pentru a um ... zu
pentru că weil
pentru nimic keine Ursache
pepene Melone, die, -n
pereche Paar, das, -e
perete Wand, die, Wände
pericol Gefahr, die, -en
periculos gefährlich
perie Bürste, die, -n
permanent de păr Dauerwelle, die, -n
permisiune Erlaubnis, die, -se
permite erlauben
pernă Kissen, das, =
peron Bahnsteig, der, -e
persoană Person, die, -en
peste über
pește Fisch, der, -e
piatră Stein, der, -e
piață Markt (der, Märkte), Platz (der, Plätze)
picant scharf
picătură Tropfen, der, =
picior Bein, das, -e; Fuß, der, Füße
picta malen
piele Haut, die, Häute; Leder, das, -
piept Brust, die, Brüste
pieptene Kamm, der, Kämme
pierde verlieren
piersică Pfirsich, der, -e
piesă de schimb Ersatzteil, das, -e
piper Pfeffer, der, -
piscină Schwimmbad, das, Schwimmbäder
pisică Katze, die, -n
pix Kugelschreiber, der, =
plantă Pflanze, die, -n
plat flach
plăcea mögen
plăcea gefallen
plăcut angenehm
plăti bezahlen
plânge weinen
pleca abreisen, weggehen
plecare Abfahrt, die, -en
plic Briefumschlag, der, Briefumschläge
plictisitor langweilig
plimba (se) spazieren gehen
plimbare Spaziergang, der, Spaziergänge

plin voll
ploaie Regen, der, -
ploua regnen
poate vielleicht
pod Brücke, die, -n
podea Boden, der, Böden
podgorie Weinberg, der, -e
poftă Appetit, der, -; Lust, die, Lüste
pofti verlangen
poiană Wiese, die, -n
poimâine übermorgen
politică Politik, die, -en
politicos höflich
poliție Polizei, die, -en
pompieri Feuerwehr, die, -en
popas Rast, die, -en
popor Volk, das, Völker
porc Schwein, das, -e
port Hafen, der, Häfen
porumb Mais, der, -
porumbel Taube, die, -n
posibil möglich
poștă Post, die, -
poștă aeriană Luftpost, die, -
potabil trinkbar
potrivi passen
povesti erzählen
poză Bild, das, -er
praf Staub, der, Stäube
prăjit gebacken
prăjitură Kuchen, der, =
prăvălie Geschäft, das, -e
prânz Mittag, der, -e
prea (mult) zu (viel)
prefera vorziehen
prefix Vorwahl, die, -en
pregăti vorbereiten
pregătit bereit
prelungi verlängern
prenume Vorname, der, -n
prescrie verschreiben
preț Preis, der, -e
prezenta (se) vorstellen (sich)
prieten Freund, der, -e
prietenă Freundin, die, -nen
prima oară zum ersten Mal
primărie Rathaus, das, -häuser
primăvară Frühling, der, -e
primi bekommen
primire Empfang, der, Empfänge
prioritate Vorfahrt, die, -en
priză Steckdose, die, -n
proaspăt frisch
proba anprobieren
probabil wahrscheinlich
problemă Problem, das, -e
procent Prozent, das, -e
produs de curățat Reinigungsmittel, das, =
profesor Lehrer, der, =
promite versprechen
pronunție Aussprache, die, -n
prosop Handtuch, das, Handtücher
prost (la minte) doof, dumm
public öffentlich
pui Hähnchen, das, =
pulovăr Pullover, der, =
punctual pünktlich
pune legen
pungă Tüte, die, -n
puroi Eiter, der, -
purta tragen
putea können
putere Kraft, die, Kräfte
puternic stark
puțin wenig

R

radio Radio, das, -s
rană Wunde, die, -n
rar langsam, selten
rață Ente, die, -n
răbdare Geduld, die, -
răbdător geduldig
răceală Erkältung, die, -en
răcoritoare (băutură) Erfrischung, die, -en
răcoros kühl
rămas übrig
rămâne bleiben
rănit verletzt
răspunde antworten
răspuns Antwort, die, -en
rătăci (se) verirren (sich)
rău schlecht
răutăcios böse
râde lachen
râu Fluss, der, Flüsse
rece kalt
recepție Empfang, der, Empfänge
reclama beschweren (sich)
reclamație Beschwerde, die, -n
recomanda empfehlen
recrea (se) erholen (sich)
recunoscător dankbar
regiune Gegend, die, -en
regreta bedauern
remorca abschleppen
repara reparieren
reparație Reparatur, die, -en
repede schnell
repeta wiederholen
rest Rest, der, -e
restaurant Restaurant, das, -srețetă Rezept, das, -e
revistă Zeitschrift, die, -en
rezerva reservieren
rezervare Reservierung, die, -en
rezervor Tank, der, -s
ridichi de lună Radieschen, das, =
roată Rad, das, Räder
robinet Wasserhahn, der, -hähne
rochie Kleid, das, -er
român Rumäne, der, -n
româncă Rumänin, die, -nen
roșie Tomate, die, -n
roșu rot
rotund rund
rucsac Rucksack, der, Rucksäcke
rufe Wäsche, die, -n
ruga bitten
ruj de buze Lippenstift, der, -e
rulotă Wohnwagen, der, =
rupe brechen, reißen

S

sac Sack, der, Säcke
sac de dormit Schlafsack, der, -säcke
salariat Angestellter, der, Angestellten
salariu Lohn, der, Löhne
salată Salat, der, -e
salată verde Kopfsalat, der, -e
saltea Matratze, die, -n
saluta begrüßen
sare Salz, das, -e
sat Dorf, das, Dörfer
să dass
să sperăm hoffentlich
sănătate Gesundheit, die, -en
sănătos gesund
săptămână Woche, die, -n

săpun Seife, die, -n
sărac arm
sărbătoare Fest, das, -e
sărbători feiern
sărut Kuss, der, Küsse
săruta küssen
sătul satt
său sein (von ihm)
sân Brust (Frau), die, Brüste
sânge Blut, das
scaun Stuhl, der, Stühle
schimba umtauschen
schimba trenul umsteigen
scoate ausziehen, herausnehmen
scrie schreiben
scrisoare Brief, der, -e
scrumieră Aschenbecher, der, =
scula (se) aufstehen
scump teuer
scurt kurz
scuza (se) entschuldigen
scuză Entschuldigung, die, -en
se sich
seara abends
seară Abend, der, -e
secret Geheimnis, das, -se
semafor Ampel, die, -n
semna unterschreiben
semnătură Unterschrift, die, -en
sertar Schublade, die, -n
sete Durst, der, Dürste
sfat Rat, der, Räte
sfânt heilig
sfârși (se) enden
sfârșit Ende, das, -n
sfert Viertel, das, =
sigur sicher
simpatic sympathisch
simplu einfach
simți (se) fühlen (sich)
sindicat Gewerkschaft, die, -en
singur allein, einzige
situație Situation, die, -en
smântână Sahne, die, -
smintit verrückt
soare Sonne, die, -n
socoti rechnen
soluție Lösung, die, -en
soră Schwester, die, -n
sos Soße, die, -n
sosi ankommen
sosire Ankunft, die, Ankünfte
soț Ehemann, der, Ehemänner
soție Ehefrau, die, -en
spanac Spinne, die, -n
spate Rücken, der, =
spăla (se) waschen (sich)
spectacol Aufführung, die, -en
spera hoffen
spital Krankenhaus, das, -häuser
sport Sport, der, -
spre nach (Ort)
spune sagen
stabil fest
stație Haltestelle, die, -n
stație de autobuz Bushaltestelle, die, -n
stație de combustibil Tankstelle, die, -n
sta stehen
stâng links
stea Stern, der, -e
sticlă Flasche, die, -n
stofă Stoff, der, -e
stomac Magen, der, Mägen
stradă Straße, die, -n
străin fremd, Ausländer, der, =
străinătate Ausland, das, -
străluci scheinen
strâmt eng

stricat kaputt
striga schreien
strugure Weintraube, die, -n
studia studieren
sub unter
suc Saft, der, Säfte
succes Erfolg, der, -e
sud Süden, der, -
suficient genügend
supă Suppe, die, -n
surd taub
sus oben
suvenir Andenken, das, =

Ş

școală Schule, die, -n
ședere Aufenthalt, der, -e
șef Chef, der, -s
și und, auch
șosea Landstraße, die, -n
șosetă Socke, die, -n
ștampilă Stempel, der, =
ștecher Stecker, der, =
ști wissen
știre Nachricht, die, -en
ștrand Strand, der, Strände
șuncă Schinken, der, =

T

tacâmuri Besteck, das, -e
tampona (se) zusammenstoßen
tandru zärtlich
tare laut, hart
tată Vater, der, Väter
taxator de bilete Fahrkartenkontrolleur, der, -e
taxă Gebühr, die, -en
tăia schneiden
tău dein
tânăr jung
târziu spät
teatru Theater, das, =
telefon Telefon, das, -e
telefon celular Handy, das, -s
telefona telefonieren
televizor Fernseher, der, =
termina beenden
terminat fertig
tigaie (Brat-)Pfanne, die, -n
timbru Briefmarke, die, -n
timp Zeit, die, -en
timp liber Freizeit, die, -en
tipări drucken
tipic typisch
toaletă Toilette, die, -n
toamnă Herbst, der, -
tocmai gerade (eben)
tort Torte, die, -n
toți alle
tradiție Tradition, die, -en
traducător Dolmetscher, der, =; Übersetzer, der, =
traduce übersetzen
trage ziehen
trage (cu arma) schießen
tramvai Straßenbahn, die, -en
transpira schwitzen
trata behandeln, handeln
trăi leben
treaptă Treppe, die, -n
trebui müssen, sollen
trece vorbeigehen
trecut vergangen
tren Bahn, die, -en; Zug, der, Züge
trezi wecken
trezi (se) aufwachen

trimite schicken
trimite un e-mail E-Mail schicken
trimite un mesaj telefonic SMS schicken
trist traurig
tu du
tur Rundfahrt, die, -en
tur al orașului Stadtrundfahrt, die, -en
turn Turm, der, Türme
tuse Husten, der, -
tuși husten
tutun Tabak, der, -e

Ț

țară Land, das, Länder
țăran Bauer, der, -n
țânțar Mücke, die, -n
țigară Zigarette, die, -n
ține halten

U

uita vergessen
uita la (se) anschauen
uita la TV (se) fernsehen
ulei Öl, das, -e
ultimul letzte
umbră Schatten, der, =
umbrelă Regenschirm, der, -e
umed feucht, nass
umflat dick
un ein, eine
unchi Onkel, der, =
unde wo, wohin
unealtă Werkzeug, das, -e
uneori manchmal
unguent Salbe, die, -n
unic einzige
universitate Universität (Uni), die, -en
unt Butter, die, -
urât hässlich
urca einsteigen, hinaufgehen
ureche Ohr, das, -en
urî hassent
urma folgen
următor nächste
urticarie Quaddel, die, -n
uscat trocken
usturoi Knoblauch, der, -
ușă Tür, die, -en
ușor leicht

V / W

vacanță Ferien, die
vacă Kuh, die, Kühe
vagon Wagen, der, =
valabil gültig
vale Tal, das, Täler
vamă Zoll, der, Zölle
vapor Schiff, das, -e
vară Sommer, der, =
varză Kohl, der, -
vată Watte, die, -
vă rog bitte
văr Cousin, der, -s
vânătă Aubergine, die, -n
vânt Wind, der, -e
vârf Gipfel, der, =
vechi alt (Ding)
vecin Nachbar, der, -n
vedea sehen
vedere Postkarte, die, -n
veni kommen

verde grün
verișoară Cousine, die, -n
vesel fröhlich, lustig
veselă Geschirr, das, -e
vest Westen, der, -
viață Leben, das, -
vin Wein, der, -e
vină Schuld, die, -en
vinde verkaufen
vis Traum, der, Träume
viteză Geschwindigkeit, die, -en
vitrină Schaufenster, das, =
vizavi gegenüber (von)
vizibilitate Sicht, die, -en
vizita besuchen, besichtigen
vizită Besuch, der, -e
voce Stimme, die, -n
voi ihr
voios fröhlich
vorbi reden, sprechen
vostru euer
vrea wollen
vreme Wetter, das, -
wc Toilette, die, -n

Z

zahăr Zucker, der, -
zăpadă Schnee, der, -
zbura fliegen
zgomot Lärm, der, -
zi Tag, der, -e
zi de naștere Geburtstag, der, -e
ziar Zeitung, die, -en
zilnic täglich
zmeură Himbeere, die, -n

Dicționar German - Român

A

Abend, der, -e seară
Abendessen, das, = cină, masă de seară
abends seara
aber dar
Abfahrt, die, -en plecare
abholen a lua
abmachen a conveni
abreisen a pleca
Abschied, der, -e despărțire
abschleppen a remorca
Absender, der, = expeditor
Absicht, die, -en intenție
Abteil, das, -e compartiment
Achtung, die, -en atenție
Adresse, die, -n adresă
ähnlich asemănător, la fel
Alkohol, der, -e alcool
alle toți
allein singur
allgemein general
als (zeitlich) când
also deci
alt (Ding) vechi
alt (Mensch) bătrân
Ampel, die, -n semafor
amüsieren (sich) a se amuza, a se distra
anbieten a oferi

Andenken, das, = suvenir
andere altul
anders altfel
Anfang, der, Anfänge început
anfangen a începe
anfreunden (sich) a se împrieteni
angenehm plăcut
Angestellter, der, Angestellten salariat, muncitor
Angst, die, Ängste frică
anhalten a se opri
ankommen a sosi
Ankunft, die, Ankünfte sosire
anprobieren a proba
anschalten a aprinde
anschauen a se uita la
anstatt în loc de
Antwort, die, -en răspuns
antworten a răspunde
anziehen a îmbrăca
Anzug, der, Anzüge costum
Apfel, der, Äpfel măr
Apotheke, die, -n farmacie
Appetit, der, - poftă
Aprikose, die, -n caisă
Arbeit, die, -en muncă, lucru
arbeiten a munci
Arbeiter, der, = muncitor
arm sărac
Arm, der, -e braț
Arznei, die, -en medicament
Arzt, der, Ärzte medic, doctor
Ärztin, die, -nen doctoriță
Aschenbecher, der, = scrumieră
Aubergine, die, -n vânătă
auch și
auch nicht nici
auf pe
Aufenthalt, der, -e ședere
Aufführung, die, -en spectacol
aufhören a înceta
aufräumen a face ordine, a face curat
aufschreiben a nota
aufstehen a se scula
aufsteigen a urca
aufwachen a se trezi
aufwecken a trezi
Aufzug, der, Aufzüge lift
Auge, das, -n ochi
aus din
Ausflug, der, Ausflüge excursie
ausführen a exporta
Ausgang, der, Ausgänge ieșire
ausgeben a cheltui
ausgezeichnet excelent
Auskunft, die, Auskünfte informație
Ausland, das, - străinătate
Ausländer, der, = străin
Ausnahme, die, -n excepție
außen afară
außerdem pe lângă aceasta
ausschalten a închide
aussehen a arăta
Aussicht, die, -en panoramă
Aussprache, die, -n pronunție
aussteigen a coborî
Ausstellung, die, -en expoziție
Ausweis, der, -e legitimație
ausziehen (sich) a se dezbrăca, a scoate
Auto, das, -s mașină
Autobahn, die, -en autostradă

B

Bach, der, Bäche gârlă, pârâu
Bäckerei, die, -en brutărie

Bad, das, Bäder **baie**
Badeanzug, der, -anzüge **costum de baie**
Badehose, die, -n **chilot de baie**
Bademantel, der, Bademäntel **halat de baie**
baden **a face baie**
Badezimmer, das, = **baie**
Bahn, die, -en **tren**
Bahnhof, der, Bahnhöfe **gară**
Bahnsteig, der, -e **peron**
bald **curând**
Ball, der, Bälle **minge**
Banane, die, -n **banană**
Bank, die, -en **bancă**
Batterie, die, -n **baterie**
Bau, der, -ten **construcție**
Bauch, der, Bäuche **burtă**
bauen **a construi**
Bauer, der, -n **țăran**
Baum, der, Bäume **copac**
Baumwolle, die, - **bumbac**
Beamter, der, Beamten **funcționar**
bedauern **a regreta**
Bedienung (Kellnerin), die, -en **ospătar**
Bedingung, die, -en **condiție**
beeilen (sich) **a se grăbi**
beenden **a termina**
befehlen **a ordona**
begegnen **a întâlni**
beginnen **a începe**
begleiten **a însoți**
begrüßen **a saluta**
behandeln **a trata**
bei **la, lângă**
beide **amândoi**
Bein, das, -e **picior**
beinahe **aproape**
Beispiel, das, -e **exemplu**
bekannt **cunoscut**
bekommen **a primi**
belästigen **a deranja**
beleidigen **a jigni**
bemerken **a observa**
benachrichtigen **a înștiința**
benutzen **a folosi**
Benzin, das, - **benzină**
bequem **comod**
bereit **gata, pregătit**
Berg, der, -e **deal**
Beruf, der, -e **meserie**
berühmt **faimos**
berühren **a atinge**
Beschwerde, die, -n **reclamație**
beschweren (sich) **a reclama**
besetzt **ocupat**
besichtigen **a vizita**
besondere **deosebit**
besser **mai bine**
Besteck, das, -e **tacâmuri**
bestellen **a comanda**
bestrafen **a pedepsi**
Besuch, der, -e **vizită**
besuchen **a vizita**
Betrieb, der, -e **întreprindere**
betrügen **a înșela**
betrunken **beat**
Bett, das, -en **pat**
Bettlaken, das, = **cearșaf**
bevor **înainte să**
Bewohner, der, = **locuitor**
bezahlen **a plăti**
Bezirk, der, -e **district**
Bier, das, -e **bere**
Bild, das, -er **poză, imagine**
billig **ieftin**
Birne, die, -n **pară**
bis **până**
bitte **vă/te rog**

bitten a ruga
Blatt, das, Blätter foaie
blau albastru
bleiben a rămâne
Bleistift, der, -e creion
blond blond
Blume, die, -n floare
Blut, das sânge
Boden, der, Böden podea
Bohne, die, -n fasole
böse răutăcios
Botschaft, die, -en consulat
braten a frige
brauchen a avea nevoie
braun maro
brechen a rupe
breit larg
bremsen a frâna
brennen a arde
Brief, der, -e scrisoare
Briefmarke, die, -n timbru
Briefumschlag, der, Briefumschläge plic
Brille, die, -n ochelari
bringen a aduce
Brot, das, -e pâine
Brötchen, das, = chiflă
Brücke, die, -n pod
Bruder, der, Brüder frate
Brunnen, der, = fântână
Brust (Frau), die, Brüste sân, piept
Buch, das, Bücher carte
Bügeleisen, das, = fier de călcat
bügeln a călca
bunt colorat
Burg, die, -en cetate
Bürger, der, = cetățean
Büro, das, -s oficiu, birou
Bürste, die, -n perie
Bus, der, -se autobuz
Bushaltestelle, die, -n stație de autobuz
Butter, die, - unt

C

Café, das, -s cafenea
Camping, das, -s camping
CD, die, -s disc de musică
Chef, der, -s șef
Computer, der, = calculator
Cousin, der, -s văr
Cousine, die, -n verișoară

D

da (dort) acolo
daheim acasă
Dame, die, -n doamnă
damit ca să
danach dupa aceea
dankbar recunoscător
danke mulțumesc
danken a mulțumi
dann apoi
darum de aceea
das ăsta, care
dass că, să
Datum, das, Daten dată
dauern a dura
Dauerwelle, die, -n permanent de păr
Decke, die, -n pătură
dein tău
denken (an) a se gândi
Denkmal, das, -e monument
der ăsta, care
deshalb de aceea

deutlich clar
deutsch german
Deutscher, der, Deutsche neamț
Deutsche, die, = nemțoaică
dick umflat, gras
die ăsta, care
Dieb, der, -e hoț
dies acest
Ding, das, -e lucru
Dolmetscher, der, = traducător
doof prost (la minte)
doppelt dublu
Dorf, das, Dörfer sat
dort acolo
Dose, die, -n doză
Dosenöffner, der, = deschizător de conserve
draußen afară
drinnen înăuntru
drucken a tipări
drücken a împinge
du tu
dumm prost
dunkel întunecat
dürfen a avea voie
Durst, der, Dürste sete
durstig însetat
Dusche, die, -n duș
duschen a face duș

E

Ebene, die, -n câmpie, nivel
echt autentic
Ecke, die, -n colț
Ehefrau, die, -en soție
Ehemann, der, Ehemänner soț
Ei, das, -er ou
Eile, die, -n grabă
Eimer, der, = găleată
ein, eine un, o
Eindruck, der, Eindrücke impresie
einfach simplu
Einfahrt, die, -en intrare
einführen a importa
Eingang, der, Eingänge intrare
einige câțiva
Einkauf, der, Einkäufe cumpărătură
einkaufen a cumpăra
einladen a invita
Einladung, die, -en invitație
einmal o dată
einsteigen a urca
eintreffen a sosi
Eintritt, der, -e intrare
Eintrittskarte, die, -n bilet de intrare
einverstanden de acord
einzige singur, unic
Eis, das, - înghețată
Eiswürfel, der, = cub de gheață
Eiter, der, - puroi
Elend, das mizerie
Eltern, die (pl) părinți
E-Mail schicken a trimite un e-mail
Empfang, der, Empfänge recepție, primire
empfehlen a recomanda
Ende, das, -n sfârșit
enden a se sfârși
endlich în sfârșit
eng strâmt
englisch englez
Ente, die, -n rață
Entfernung, die, -en distanță
entscheiden a hotărî
entschuldigen a se scuza

Entschuldigung, die, -en **scuză**
enttäuscht **dezamăgit**
er **el**
Erbse, die, -n **mazăre**
Erdbeere, die, -n **căpșună**
Erde, die, -n **pământ**
Erdgeschoss, das, -e **parter**
Erfahrung, die, -en **experiență**
Erfolg, der, -e **succes**
Erfrischung, die, -en **răcoritoare (băutură)**
erhalten **a obține**
erholen (sich) **a se recrea**
erinnern (sich) **a-și aminti**
Erkältung, die, -en **răceală**
erklären **a explica**
erlauben **a permite**
Erlaubnis, die, -se **permisiune**
Ersatzteil, das, -e **piesă de schimb**
erste **întâi**
erzählen **a povesti**
es **acest**
es gibt **există**
Esel, der, = **măgar**
essen **a mânca**
Essen, das, = **mâncare**
Essig, der, -e **oțet**
Etage, die, -n **etaj**
etwas **ceva**
euer **vostru**
europäisch **european**

F

Fabrik, die, -en **fabrică**
Faden, der, Fäden **fir**
fahren (mit dem Auto) **a călători (cu mașina)**
Fahrgast, der, Fahrgäste **pasager**
Fahrkarte, die, -n **bilet de călătorie**
Fahrkartenkontrolleur, der, -e **taxator de bilete**
Fahrrad, das, Fahrräder **bicicletă**
Fahrt, die, -en **călătorie**
fallen **a cădea**
falls **dacă**
falsch **fals, greșit**
Familie, die, -n **familie**
Farbe, die, -n **culoare**
Fass, das, Fässer **butoi**
Fassade, die, -n **fațadă**
fehlen **a lipsi**
Fehler, der, = **defect**
feiern **a sărbători**
fein **fin**
Feld, das, -er **câmp**
Fenster, das, = **fereastră**
Ferien, die **vacanță**
fernsehen **a se uita la TV**
Fernseher, der, = **televizor**
fertig **gata, terminat**
fest **stabil**
Fest, das, -e **sărbătoare**
fett **gras**
feucht **umed**
Feuer, das, = **foc**
Feuerwehr, die, -en **pompieri**
Feuerzeug, das, -e **brichetă**
Fieber, das, - **febră**
Film, der, -e **film**
finden **a găsi**
Finger, der, = **deget**
Fisch, der, -e **pește**
flach **plat**
Flasche, die, -n **sticlă**
Fleisch, das, - **carne**

fleißig harnic
fliegen a zbura
Flughafen, der, Flughäfen aeroport
Flugzeug, das, -e avion
Fluss, der, Flüsse râu
folgen a urma
Formular, das, -e formular
Foto, das, -s fotografie
fotografieren a fotografia
Frage, die, -n întrebare
Fragebogen, der, Fragebögen chestionar
fragen întreba
Frau, die, -en femeie
frei liber
Freizeit, die, -en timp liber
fremd străin
Freude, die, -n bucurie
Freund, der, -e prieten
Freundin, die, -nen prietenă
freundlich amabil
Frieden, der, - pace
frisch proaspăt
Friseur, der, -e frizer
froh bucuros
fröhlich vesel, voios
Frucht, die, Früchte fruct
früh devreme
Frühling, der, -e primăvară
Frühstück, das, -e mic dejun
frühstücken a lua micul dejun
fühlen (sich) a se simți
Führerschein, der, -e carnet de conducere
funktionieren a funcționa
für pentru
Fuß, der, Füße picior
zu Fuß pe jos
Fußball, der, Fußbälle fotbal

G

Gabel, die, -n furculiță
Gans, die, Gänse gâscă
ganz întreg
ganz gut destul de bine
gar nicht deloc
Garage, die, -n garaj
Garten, der, Gärten grădină
Gast, der, Gäste oaspete
Gastfreundschaft, die, -en ospitalitate
gebacken prăjit, copt
Gebäude, das, = clădire
geben a da
Gebirge, das, = munte
geboren născut
gebraten fript
Gebühr, die, -en taxă
Geburtstag, der, -e zi de naștere
Geduld, die, - răbdare
geduldig răbdător
Gefahr, die, -en pericol
gefährlich periculos
gefallen a plăcea
Geflügel, das, - păsări de curte
gegen împotriva
Gegend, die, -en regiune
gegenüber (von) vizavi, față de
Geheimnis, das, -se secret
gehen a merge, a duce
gehören a aparține
gelb galben
Geld, das, -er bani
Geldautomat, der, -en bancomat
Gelegenheit, die, -en ocazie
gemeinsam împreună
Gemüse, das, - legume
genau exact

genug destul
genügend suficient
geöffnet deschis
Gepäck, das, - bagaj
Gepäckaufbewahrung, die, -en cameră de bagaje
gerade drept
gerade (eben) tocmai
geradeaus drept înainte
Gerät, das, -e aparat
gern cu plăcere
Geschäft, das, -e prăvălie
Geschenk, das, -e cadou
Geschichte, die, -n istorie
Geschirr, das, -e veselă, vase
geschlossen închis
Geschmack, der, - gust
Geschwindigkeit, die, -en viteză
Gesicht, das, -er față
Gespräch, das, -e convorbire
gestern ieri
gesund sănătos
Gesundheit, die, -en sănătate
Getränk, das, -e băutură
Gewerkschaft, die, -en sindicat
Gewicht, das, -e greutate
gewinnen a câștiga
Gewohnheit, die, -en obișnuință
giftig otrăvitor
Gipfel, der, = vârf
Gitarre, die, -n chitară
Glas, das, Gläser pahar
glauben a crede
gleich egal
gleichgültig indiferent
Gleis, das, -e linie ferată
Glück, das, - noroc, fericire
glücklich fericit
Glückwunsch, der, Glückwünsche felicitare
Gott, der, - Dumnezeu
Grab, das, Gräber mormânt
Grad, das, -e grad
Gramm, das, = gram
Gras, das, Gräser iarbă
gratis gratuit
gratulieren a felicita
grau gri
grausam cumplit, brutal
Grenze graniță
groß mare
Größe, die, -n mărime
grün verde
Grund, der, Gründe motiv
Gruppe, die, -n grup
grüßen a saluta
gültig valabil
günstig favorabil
Gurke, die, -n castravete
Gürtel, der, = curea
gut bun

H

Haar, das, -e păr
haben a avea
Hafen, der, Häfen port
Hahn, der, Hähne cocoș
Hähnchen, das, = pui
halb jumătate
Hälfte, die, -n jumătate
hallo alo
Hals, der, Hälse gât
halten a ține
Haltestelle, die, -n stație
Hand, die, Hände mână
handeln (von) a trata, a acționa
Handschuh, der, -e mănușă
Handtuch, das, Handtücher prosop

Handy, das, -s telefon celular
hart tare
Hase, der, -n iepure
hassen a urî
hässlich urât
Hauptbahnhof, der, Hauptbahnhöfe gară principală
Hauptstadt, die, Hauptstädte capitală
Haus, das, Häuser casă
Haut, die, Häute piele
heilig sfânt
Heimat, die, -en patrie
heiß fierbinte
heißen a se numi
Heizung, die, -en încălzire
helfen a ajuta
hell luminos
Hemd, das, -en cămașă
heraus afară
herausgehen a ieși
herausnehmen a scoate
Herbst, der, - toamnă
herein, hinein înăuntru (de afară)
Herr, der, -en domn
herrlich minunat
Herz, das, -en inimă
herzlich afectuos
heute azi, astăzi
hier aici
Hilfe, die, -n ajutor
Himbeere, die, -n zmeură
Himmel, der, = cer
hinaufgehen a urca
hineingehen a intra
Hinfahrt, die, -en călătorie dus
hinten în spate
hinter după
Hitze, die, - căldură (mare)
hoch înalt
Hochschule, die, -n institut de învățământ superior
höchstens cel mult
Hochzeit, die, -en nuntă
hoffen a spera
hoffentlich să sperăm
höflich politicos
Holz, das, Hölzer lemn
Honig, der, -e miere
hören a asculta
Hose, die, -n pantalon
hübsch drăguț
Huhn, das, Hühner găină
Hund, der, -e câine
Hunger, der, - foame
hungrig flămând
husten a tuși
Husten, der, - tuse
Hut, der, Hüte pălărie

I

ich eu
Idee, die, -n idee
ihr voi
ihr (von ihr) ei
ihr (von ihnen) lor
immer mereu
in în
inbegriffen inclus
innen în interiorul
innerhalb în termen de
Insel, die, -n insulă
intelligent deștept
Interview, das, -s interviu
inzwischen între timp
irgendein oarecare
irren (sich) a greși

J

ja da
Jacke, die, -n jachetă
Jahr, das, -e an
Jeans, die, = blugi
jede fiecare
jedes Mal de fiecare dată
jemand cineva
jetzt acum
Joghurt, der, -s iaurt
jung tânăr
Junge, der, -n băiat

K

Kaffee, der, -s cafea
Kalbfleisch, das, - carne de vițel
kalt rece
kämpfen a lupta
Kamm, der, Kämme pieptene
kaputt stricat
Kartoffel, die, -n cartof
Käse, der, - brânză
Kasse, die, -n casă (de plătit)
Katze, die, -n pisică
kaufen a cumpăra
Kaufhaus, das, Kaufhäuser magazin universal
kaum abia
kein nici unul/una
keine Ursache pentru nimic
Keks, der, -e biscuit
Kellner, der, = chelner
kennen a cunoaște
Kerze, die, -n lumânare
Kette, die, -n lanț
Kind, das, -er copil
Kino, das, -s cinema
Kirche, die, -n biserică
Kirsche, die, -n cireașă
Kissen, das, = pernă
Kiste, die, -n ladă
klar clar
Kleid, das, -er rochie
Kleidung, die, -en îmbrăcăminte
klein mic
Kleingeld, das, -er bani mărunți
Kloster, das, Klöster mănăstire
Kneipe, die, -n cârciumă
Knie, das, = genunchi
Knoblauch, der, - usturoi
Koch, der, Köche bucătar
kochen (Essen) a găti
kochen (Wasser) a fierbe
Kochtopf, der, Kochtöpfe cratiță, oală
Koffer, der, = geamantan
Kohl, der, - varză
kommen a veni
kompliziert complicat
Konditorei, die, -en cofetărie
können a putea
Konsulat, das, -e consulat
Kopf, der, Köpfe cap
Kopfsalat, der, -e salată verde
Kopfschmerz, der, -en dureri de cap
Korb, der, Körbe coș
kosten a costa
Kraft, die, Kräfte putere
krank bolnav
Krankheit, die, -en boală
Krankenhaus, das, Krankenhäuser spital
Krankenwagen, der, = ambulanță
Krankenversicherung, die, -en asigurare de boală

Kreuzung, die, -en intersecție
Küche, die, -n bucătărie
Kuchen, der, = prăjitură
Kugelschreiber, der, = pix
Kuh, die, Kühe vacă
kühl răcoros
Kühlschrank, der, Kühlschränke frigider
Kunst, die, Künste artă
künstlich artificial
kurz scurt
Kuss, der, Küsse sărut
küssen a săruta
Küste, die, -n coastă

L

lachen a râde
Laden, der, Läden magazin
Lammfleisch, das, - carne de miel
Lampe, die, -n lampă
Land, das, Länder țară
landen a ateriza
Landkarte, die, -n hartă
Landschaft, die, -en peisaj
Landstraße, die, -n șosea
Landwirtschaft, die, -en agricultură
lang lung
langsam încet, rar
langweilig plictisitor
Lärm, der, - zgomot
lassen a lăsa
laut tare
leben a trăi
Leben, das, - viață
Lebensmittel, das, = aliment
Leber, die, -n ficat
Leder, das, - piele
ledig necăsătorit
leer gol
legen a pune
Lehrer, der, = profesor
Lehrgang, der, Lehrgänge curs
leicht ușor
leider din păcate
leise încet
lernen a învăța
lesen a citi
letzte ultimul
Leute, die, - oameni
Licht, das, -er lumină
lieb drag
Liebe, die, - dragoste
lieben a iubi
Lied, das, -er cântec
links stâng
Lippe, die, -n buză
Lippenstift, der, -e ruj de buze
Liter, der, = litru
LKW, der, -s camion
Loch, das, Löcher gaură
Löffel, der, = lingură
Lohn, der, Löhne salariu
Lösung, die, -en soluție
Luft, die, Lüfte aer
Luftpost, die, - poștă aeriană
Lüge, die, -n minciună
lügen a minți
Lust, die, Lüste poftă
lustig vesel

M

machen a face
Mädchen, das, = fetiță
Magen, der, Mägen stomac
Mahlzeit, die, -en masă

Mais, der, - porumb
Mal, das, -e dată
malen a picta
manchmal câteodată, uneori
Mann, der, Männer bărbat
Mantel, der, Mäntel palton
Markt, der, Märkte piață
Marmelade, die, -n dulceață
Maschine, die, -n aparat
Matratze, die, -n saltea
Meer, das, -e mare
Meerrettich, der, -e hrean
Mehl, das, - făină
mehr mai mult
mein meu
Meinung, die, -en părere
Melone, die, -n pepene
Menge, die, -n cantitate
Mensch, der, -en om
Menü, das, -s meniu
merken a observa
Messer, das, = cuțit
Metzgerei, die, -en măcelărie
mieten a închiria
Migräne, die, -n migrenă
Milch, die, - lapte
mindestens cel puțin
Mineralwasser, das, Mineralwässer apă minerală/gazoasă
mit cu
mitbringen a aduce cu sine
mitnehmen a lua cu sine
Mittag, der, -e prânz
Mittagessen, das, = masă de prânz
mittags la prânz
Mitte, die, -n mijloc
Möbel, das, = mobilă
mögen a plăcea
möglich posibil
Mohrrübe, die, -n morcov
Monat, der, -e lună
Mond, der, -e lună (astru)
morgen mâine
Morgen, der, = dimineață
Motor, der, -en motor
Motorrad, das, Motorräder motocicletă
Mücke, die, -n țânțar
müde obosit
Mühe, die, -n osteneală
Mund, der, Münder gură
Museum, das, Museen muzeu
müssen a trebui
Mutter, die, Mütter mamă
Mütze, die, -n căciulă

N

nach (Ort) spre
nach (Zeit) după
Nachbar, der, -n vecin
nachdem după ce
nachher după aceea
Nachmittag, der, -e după-amiază
Nachname, der, -n numele de familie
Nachricht, die, -en știre
nächste următor
Nacht, die, Nächte noapte
Nachtisch, der, -e desert
Nachtlokal, das, -e bar de noapte
nachts noaptea
Nadel, die, -n ac
Nagel, der, Nägel cui
nah aproape
nähen a coase
Name, der, -n nume
Nase, die, -n nas
nass umed

Natur, die, -en natură
natürlich natural
Nebel, der, = ceață
neben lângă
nehmen a lua
nein nu
Neonazi, der, -s neonazist
neu nou
neugierig curios
nicht nu
nicht mehr nu mai
nichts nimic
nie niciodată
niedrig jos
niemand nimeni
noch încă
nochmal încă o dată
Norden, der, - nord
normal normal
notwendig necesar
nur numai
nützlich folositor

O

ob dacă
oben sus
Obst, das, - fructe
Ofen, der, Öfen cuptor
offen deschis
öffentlich public
öffnen a deschide
oft adesea
ohne fără
Ohr, das, -en ureche
Öl, das, -e ulei
Oma, die, -s bunică
Onkel, der, = unchi
Opa, der, -s bunic
Osten, der, - est
Ostern, das, - Paște

P

Paar, das, -e pereche
ein paar câțiva
Paket, das, -e colet
Papier, das, -e hârtie
Paprika, die, -s ardei
Park, der, -s parc
parken a parca
Parkplatz, der, Parkplätze loc de parcare
Partei, die, -en partid
Pass (Reise-), der, Pässe pașaport
passen a potrivi
passieren a se întâmpla
Patient, der, -en pacient
Person, die, -en persoană
Petersilie, die, - pătrunjel
Pfanne (Brat-), die, -n tigaie
Pfeffer, der, - piper
Pferd, das, -e cal
Pfirsich, der, -e piersică
Pflanze, die, -n plantă
Platz, der, Plätze piață
plötzlich dintr-o dată
Politik, die, -en politică
Polizei, die, -en poliție
Polizist, der, -en agent de poliție
Post, die, - poștă
Postkarte, die, -n vedere
Preis, der, -e preț
privat particular
probieren (kosten) a gusta
Problem, das, -e problemă
Prost! noroc!
Prozent, das, -e procent

Prüfung, die, -en **examen**
Pullover, der, = **pulovăr**
pünktlich **punctual**
Puppe, die, -n **păpușă**
Pute, die, -n **curcan**
putzen **a curăța**

Q

Qualität, die, -en **calitate**
Quaddel, die, -n **urticarie**
Quelle, die, -n **izvor**
Quitte, die, -n **gutuie**
Quittung, die, -en **chitanță**

R

Rad, das, Räder **roată**
Radieschen, das, = **ridichi de lună**
Radio, das, -s **radio**
Rasen, der, - **gazon**
rasieren (sich) **a se bărbieri**
Rast, die, -en **popas**
Rat, der, Räte **sfat**
Rathaus, das, -häuser **primărie**
rauchen **a fuma**
rechnen **a socoti**
Rechnung, die, -en **notă de plată**
Recht, das, - **drept, dreptate**
rechts **la dreapta**
rechtzeitig **la timp**
reden **a vorbi**
Regen, der, - **ploaie**
Regenschirm, der, -e **umbrelă**
Regierung, die, -en **guvern**
regnen **a ploua**
reich **bogat**
reichen **a ajunge**
reif **copt**
Reifen, der, = **cauciuc, anvelopă**
Reinigungsmittel, das, = **produs de curățat**
Reis, der, - **orez**
Reise, die, -n **călătorie**
Reisebüro, das, -s **oficiu de voiaj**
Reiseführer, der, = **ghid**
reisen, reist, ist gereist **a călători**
reißen **a rupe**
Reparatur, die, -en **reparație**
reparieren **a repara**
reservieren **a rezerva**
Reservierung, die, -en **rezervare**
Rest, der, -e **rest**
Restaurant, das, -s **restaurant**
Rezept, das, -e **rețetă**
richtig **corect, just**
Richtung, die, -en **direcție**
Rindfleisch, das, - **carne de vită**
Rock, der, Röcke **fustă**
roh **crud**
rot **roșu**
Rücken, der, = **spate**
Rückfahrt, die, -en **întoarcere**
Rucksack, der, Rucksäcke **rucsac**
rückwärts **înapoi**
rufen **a chema**
ruhig **liniștit**
Rumäne, der, -n **român**
Rumänin, die, -nen **româncă**
rund **rotund**
Rundfahrt, die, -en **tur**

S

Sache, die, -n **lucru, obiect**
Sack, der, Säcke **sac**
Saft, der, Säfte **suc**

sagen a spune
Sahne, die, - smântână
Salat, der, -e salată
Salbe, die, -n alifie, unguent
Salz, das, -e sare
sammeln a culege
Sand, der, - nisip
satt sătul
sauber curat
sauer acru
schade păcat
Schaden, der, Schäden pagubă
Schaf, das, -e oaie
Schalter (Verkaufs-), der, = ghișeu
Schalter (Licht-), der, = întrerupător
scharf picant
Schatten, der, = umbră
Schaufenster, das, = vitrină
schauen a uita
Scheibe, die, -n geam; felie
scheinen a străluci
Scheinwerfer, der, = far (de mașină)
schenken a dărui
Schere, die, -n foarfecă
schicken a trimite
schießen a trage (cu arma)
Schiff, das, -e vapor
Schinken, der, = șuncă
schlafen a dormi
schlafen gehen a merge la culcare
Schlafsack, der, -säcke sac de dormit
Schlafzimmer, das, = dormitor
schlagen a bate
Schlagsahne, die, -n frișcă
schlecht rău
schließen a închide
Schloss, das, Schlösser lacăt, castel
Schlüssel, der, = cheie
schmackhaft gustos
schmal îngust
schmecken a avea gust
Schmerz, der, -en durere
schmutzig murdar
Schnee, der, - zăpadă
schneiden a tăia
schneien a ninge
schnell repede
Schokolade, die, -n ciocolată
schon deja
schön frumos
Schrank, der, Schränke dulap
schreiben a scrie
schreien a striga
Schublade, die, -n sertar
Schuh, der, -e pantof, încălțăminte
Schuld, die, -en vină
Schule, die, -n școală
Schüler, der, = elev
Schülerin, die, -nen elevă
Schwager, der, = cumnat
Schwägerin, die, -nen cumnată
schwanger gravidă
schwarz negru
Schwein, das, -e porc
schwer greu
Schwester, die, -n soră
schwierig dificil
Schwimmbad, das, Schwimmbäder piscină
schwimmen a înota
schwindelig amețit
schwitzen a transpira
See, der, -n lac
sehen a vedea
Sehenswürdigkeit, die, -en obiectiv turistic

Sehnsucht, die, Sehnsüchte dor
sehr foarte
Seife, die, -n săpun
Seil, das, -e frânghie
sein (Verb) a fi
sein (von ihm) său
seit de când
Seite, die, -n latură, parte
Seite (Buch), die, -n pagină
selbe același
selbstverständlich bineînțeles
selten rar
Senf, der, - muștar
Sessel, der, = fotoliu
setzen (sich) a se așeza
sich se, își
sicher sigur
Sicht, die, -en vizibilitate
sie ea
sie (pl) ei, ele
Sie dumneavoastră
singen a cânta
Situation, die, -en situație
Sitzplatz, der, Sitzplätze loc (de stat jos)
SMS schicken a trimite un mesaj telefonic
so așa
Socke, die, -n șosetă
sofort imediat
Sohn, der, Söhne fiu
sollen a trebui
Sommer, der, = vară
sondern ci
Sonne, die, -n soare
Sonnenstich, der, -e insolație
sorgen a avea grijă
Soße, die, -n sos
soviel atât
sparen a economisi
Sparkasse, die, -n casă de economii
spät târziu
spätestens cel târziu
spazieren gehen a se plimba
Spaziergang, der, Spaziergänge plimbare
Speise, die, -n mâncare
Speisekarte, die, -n listă de bucate
Spiegel, der, = oglindă
Spiel, das, -e joc
spielen a se juca
Spielplatz, der, Spielplätze loc de joacă
Spielzeug, das, -e jucărie
Spinne, die, -n spanac
Sport, der, - sport
Sprache, die, -n limbă
sprechen a vorbi
Stadt, die, Städte oraș
Stadtrundfahrt, die, -en tur al orașului
stark puternic
statt în loc de
Staub, der, Stäube praf
Steckdose, die, -n priză
Stecker, der, = ștecher
stehen a sta
stehen bleiben a se opri
stehlen a fura
Stein, der, -e piatră
Stelle, die, -n loc
stellen a așeza
Stempel, der, = ștampilă
sterben a muri
Stern, der, -e stea
Steuern, die, - impozite
still liniștit

Stimme, die, -n voce
stinken a duhni
Stock, der, Stöcke baston
Stockwerk, das, -e etaj
Stoff, der, -e stofă
stolz mândru
stören a deranja
Strafe, die, -n amendă
Strand, der, Strände ștrand
Straße, die, -n stradă
Straßenbahn, die, -en tramvai
Streichholz, das, Streichhölzer chibrit
Streik, der, -s grevă
streiten a se certa
Strom (elektr.), der, Ströme curent
Strumpf, der, Strümpfe ciorap
Stück, das, -e bucată
studieren a studia
Stuhl, der, Stühle scaun
Stunde, die, -n oră
suchen a căuta
Sucht, die, Süchte dependență, patimă
süchtig dependent de
Süden, der, - sud
Suppe, die, -n supă, ciorbă
surfen (im Internet) a naviga
süß dulce
Süßigkeiten, die, - dulciuri
sympathisch simpatic

S

Tabak, der, -e tutun
Tag, der, -e zi
täglich zilnic
Tal, das, Täler vale
Tank, der, -s cisternă, rezervor
tanken a alimenta cu combustibil
Tankstelle, die, -n stație de combustibil
Tante, die, -n mătușă
Tanz, der, Tänze dans
tanzen a dansa
Tasche, die, -n buzunar
Taschenlampe, die, -n lanternă
Taschenmesser, das, = briceag
Taschentuch, das, Taschentücher batistă
Tasse, die, -n ceașcă
taub surd
Taube, die, -n porumbel
tauschen a schimba
Tee, der, -s ceai
Teelöffel, der, = linguriță
Teil, das, -e parte
Telefon, das, -e telefon
telefonieren a telefona
Teller, der, = farfurie
Teppich, der, -e covor
teuer scump
Theater, das, = teatru
tief adânc
Tier, das, -e animal
Tisch, der, -e masă
Tischdecke, die, -n față de masă
Toast, das, -s pâine prăjită
Tochter, die, Töchter fiică
Tod, der, -e moarte
Toilette, die, -n toaletă, wc
toll grozav
Tomate, die, -n roșie
Tor (Sport), das, -e gol
Torte, die, -n tort
töten a omori
Tradition, die, -en tradiție

tragen a purta, a duce
Traum, der, Träume vis
traurig trist
treffen a întâlni
Treppe, die, -n treaptă
treu fidel
trinkbar potabil
trinken a bea
Trinkgeld, das, -er bacșiș
Trinkwasser, das, - apă potabilă
trocken uscat
Tropfen, der, = picătură
tun a face
Tür, die, -en ușă
Turm, der, Türme turn
Tüte, die, -n pungă
TÜV, der, - Inspecția Tehnică Periodică
typisch tipic

U

über peste
überhaupt nicht absolut deloc/ nimic
übermorgen poimâine
übersetzen a traduce
Übersetzer, der, = traducător
überzeugt convins
üblich obișnuit
übrig rămas
Ufer, das, = mal
Uhr, die, -en ceas
um ... zu pentru a
Umleitung, die, -en ocolire
umsteigen a schimba trenul
umtauschen a schimba
unbedingt neapărat
und și
Unfall, der, Unfälle accident
ungeduldig nerăbdător
ungefähr aproximativ
Universität (Uni), die, -en universitate
unmöglich imposibil
unser nostru
unten jos
unter sub
Unterführung, die, -en pasaj subteran
unterhalten (sich) a se întreține
Unterhaltung, die, -en conversație
Unterkunft, die, Unterkünfte cazare
Unterricht, der, - învățământ, cursuri
Unterschied, der, -e diferență
unterschreiben a semna
Unterschrift, die, -en semnătură
Unterwäsche, die, -n lenjerie de corp
Urlaub, der, -e concediu

V

Vater, der, Väter tată
verabreden (sich) a-și da întâlnire
Verabredung, die, -en întâlnire
verabschieden a-și lua rămas bun
verbessern a corecta
verbieten a interzice
verdienen a câștiga
vergangen trecut
vergessen a uita
verheiratet căsătorit
verirren (sich) a se rătăci
verkaufen a vinde
Verkehr, der, -e circulație

verlangen a cere, a pofti
verlängern a prelungi
verlassen a părăsi
verleihen a împrumuta
verletzt rănit
Verletzung, die, -en leziune
verliebt îndrăgostit
verlieren a pierde
vermieten a închiria
verrückt smintit, nebun
verschieden diferit
verschreiben a prescrie
Versicherung, die, -en asigurare
verspäten a întârzia
Verspätung, die, -en întârziere
versprechen a promite
verstehen a înțelege
Vertrag, der, Verträge contract
viel mult
vielleicht poate
viereckig dreptunghiular
Viertel, das, = sfert
Vogel, der, Vögel pasăre
Volk, das, Völker popor
voll plin
völlig absolut, complet
von de
vor (räumlich) în fața
vor (zeitlich) înainte de
vorbeigehen a trece
vorbereiten a pregăti
Vorfahrt, die, -en prioritate
vorgestern alaltăieri
vorher înainte
Vorname, der, -n prenume
Vorspeise, die, -n aperitiv
vorstellen (sich) a se prezenta
Vorwahl, die, -en prefix
vorwärts înainte
vorziehen a prefera

W

Waage, die, -n cântar
Wagen, der, = mașină, vagon
während în timpul
Wahrheit, die, -en adevăr
wahrscheinlich probabil
Wald, der, Wälder pădure
Wand, die, Wände perete
wann când
warm cald
wärmen a încălzi
warten a aștepta
warum de ce
was ce
Waschbecken, das, = chiuvetă
Wäsche, die, -n rufe
waschen (sich) a se spăla
Waschmittel, -pulver, das, = detergent
Wasser, das, - apă
Wasserhahn, der, -hähne robinet
Watte, die, - vată
wecken a trezi
Wecker, der, = ceas deșteptător
Weg, der, -e drum
weg dus
wegen din cauza
weggehen a pleca
weglaufen a fugi
weh tun a durea
Weihnachten, das, = Crăciun
weil pentru că, deoarece
Wein, der, -e vin
weinen a plânge
Weinberg, der, -e podgorie
Weintraube, die, -n strugure
weiß alb
weit larg

weiter mai departe
weitermachen a continua
welche care
Welt, die, -en lume
wenig puțin
wenn (Bedingung) dacă
wenn (Zeit) când
wer cine
werden a deveni
werfen a arunca
Werkstatt, die, Werkstätten atelier
Werkzeug, das, -e unealtă
Westen, der, - vest
Wetter, das, - vreme
wichtig important
wie cum
wieder iarăși
wiederholen a repeta
Wiese, die, -n luncă, poiană
wie viel cât
wieviele câți
Wind, der, -e vânt
Winter, der, = iarnă
wir noi
wirklich adevărat
wissen a ști
Witz, der, -e glumă
wo unde
Woche, die, -n săptămână
woher de unde
wohin unde
wohnen a locui
Wohnsitz, der, -e domiciliu
Wohnung, die, -en locuință
Wohnwagen, der, = rulotă
Wohnzimmer, das, = cameră de zi
Wolke, die, -n nor
Wolle, die, - lână
wollen a vrea
Wort, das, Wörter cuvânt
Wörterbuch, das, Wörterbücher dicționar
Wunde, die, -n rană
Wunsch, der, Wünsche dorință
wünschen (sich) a dori
Wurst, die, Würste cârnat
wütend furios

Z

Zahl, die, -en număr
zahlen a plăti
zählen a număra
Zahn, der, Zähne dinte
Zahnarzt, der, Zahnärzte medic stomatolog
Zahnpasta, die, - pastă de dinți
Zange, die, -n clește
zärtlich tandru
Zaun, der, Zäune gard
Zeh, der, -en deget de la picior
zeigen a arăta
Zeit, die, -en timp
Zeitschrift, die, -en revistă
Zeitung, die, -en ziar
Zelt, das, -e cort
zelten (gehen) a se duce cu cortul
Zentrum, das, Zentren centru
zerbrechlich fragil
Zettel, der, = bilețel
Zeuge, der, -n martor
Zeugnis, das, -se certificat
Ziege, die, -n capră
ziehen a trage
Ziel, das, -e destinație
ziemlich destul de
Zigarette, die, -n țigară
Zimmer, das, = cameră
Zitrone, die, -n lămâie

Zoll, der, Zölle vamă
zu la
zu (viel) prea (mult)
Zucker, der, - zahăr
zufrieden mulțumit
Zug, der, Züge tren
zu Hause acasă
zum Beispiel de exemplu
zum ersten Mal prima oară
zurück înapoi
zurückkommen a se întoarce
zusammen împreună
zusammenstoßen a se ciocni, a se tampona
Zweck, , der, -e scop
Zweifel, der, = îndoială
Zwiebel, die, -n ceapă
zwischen între

Literatură

Cine vrea că învete mai bine limba germană, poate să-și cumpere următoarele cărți:

• **Langenscheidt Universal-Wörterbuch Rumänisch,**
ISBN 978-3-12-514286-2

• Angelika Lundquist-Mog: **Germana pentru începători (& CD Audio),** Editura Niculescu / PONS,
ISBN 978-3-12-562783-3

• Fiona Chandler: **Învață repede germana,**
Editura Corint, ISBN 978-6068609355

• Dorin Iancu: **Invățați Germana simplu și repede,**
Editura Universul Familiei.

• Wolfram Klatt, Jean-Paul Vernon: **Lernen Sie Deutsch,**
Editura Teora.

Autorii

Gabriela Schöllkopf
s-a născut în România, a studiat în oraşul Timişoara, locuieşte în apropiere de Heidelberg şi lucrează într-un spital. Limba germană a învăţat-o pe teritoriul germaniei şi ştie foarte bine care sunt dificultăţile pe care le au începătorii pentru a învăţa această limbă.

O'Niel V. Som
s-a născut în oraşul Essen, locuieşte în apropiere de Heidelberg şi lucrează într-un spital. Limbile străine sunt o mare pasiune pentru el. A scris mai multe cărţi din seria „cuvânt cu cuvânt" la această editură.

Impressum

Gabriela Schöllkopf, O'Niel V. Som
Germana – cuvânt cu cuvânt

erschienen im
Reise Know-How Verlag Peter Rump GmbH,
Osnabrücker Str. 79, 33649 Bielefeld

2. neu bearbeitete und verbesserte Auflage 2023

ISBN 978-3-8317-6582-9

Gestaltung und Bearbeitung: der Verlag
Kartografie: Thomas Buri
Fotos: Markus Bingel (S. 7, 75, 197), die Autoren (S. 238), AdobeStock, Bohdana (Cover)
Druck und Bindung: mediaprint solutions GmbH, Paderborn

Bibliografische Information der Deutschen Nationalbibliothek
Die Deutsche Nationalbibliothek verzeichnet diese Publikation in der Deutschen Nationalbibliografie; detaillierte bibliografische Daten sind im Internet über http://dnb.dnb.de abrufbar.

Reise Know-How Bücher finden Sie in allen gut sortierten Buchhandlungen. Falls nicht, kann Ihre Buchhandlung unsere Bücher hier bestellen:
D: Prolit GmbH, prolit.de und alle Barsortimente
CH: AVA Verlagsauslieferung AG, ava.ch
A: Freytag-Berndt und Artaria KG, freytagberndt.com
B, Lux, NL: Willems Adventure, willemsadventure.nl
oder direkt über den Verlag: www.reise-know-how.de

Liebe Leserin, lieber Leser,

ein unabhängiger Verlag für unabhängig Reisende – das sind wir, der Reise Know-How Verlag aus Bielefeld, eines der letzten Familienunternehmen in der Branche. Obwohl wir zu den größten Reiseführerverlagen Deutschlands gehören, ist der familiäre Umgang miteinander in allen Bereichen des Verlagslebens zu spüren: In der Geschäftsführung in zweiter Generation, in einer wertschätzenden Arbeitsatmosphäre, in der Nähe zu unseren frei arbeitenden Autorinnen und Autoren und im engen Austausch mit unseren Leserinnen und Lesern.

Alles, was wir in unsere Bücher und Landkarten stecken, soll Ihnen eines ermöglichen: Auf Ihre ganz eigene, individuelle Weise die Welt zu entdecken. Wir wünschen Ihnen viel Freude und unvergessliche Erlebnisse mit diesem Sprachführer.

Es grüßen herzlich
Peter Rump & Wayan Rump